Staats- und sozialwissenschaftliche Forschungen

herausgegeben

von

Gustav Schmoller und **Max Sering.**

Heft 153.

H. Poensgen, Die Landesbank der Rheinprovinz.

Leipzig,
Verlag von Duncker & Humblot.
1911.

Die Landesbank der Rheinprovinz.

Von

Helmuth Poensgen.

Leipzig,
Verlag von Duncker & Humblot.
1911.

Alle Rechte vorbehalten.

Altenburg
Pierersche Hofbuchdruckerei
Stephan Geibel & Co.

Vorwort.

Es ist mir eine angenehme Pflicht, allen denen, die meine Arbeit durch freundliche Überlassung von Material oder Auskunfterteilung unterstützt haben, meinen verbindlichsten Dank auch an dieser Stelle auszusprechen. So danke ich vor allem dem Direktor der Landesbank Herrn Geheimen Regierungsrat Dr. Lohe sowie den Herren Landesbankräten Caspari und Dr. Kotterheidt für viele freundlichst gewährte Auskunft und Akteneinsicht. Bedauern muß ich dabei freilich, daß meinen Bemühungen um weiter gehende Überlassung von Landesbankakten nur zum Teil entsprochen werden konnte. Mein besonders herzlicher Dank gilt sodann meinem hochverehrten Lehrer Herrn Professor Dr. Schumacher in Bonn. Er gab mir die erste Anregung zu dieser Arbeit; er hat mich vielfach mit Rat und bei den Schwierigkeiten, auf welche die Materialbeschaffung bisweilen stieß, auch mit Tat unterstützt.

Düsseldorf, im September 1910.

Helmuth Poensgen.

Inhaltsverzeichnis.

	Seite
Vorwort	V
Quellenangabe	IX
I. Die verschiedenen Organisationsformen des Grund- und Korporationskredits	1— 2
II. Geschichte der Landesbank	2—13
1. Die Immobiliar- und Grundkreditverhältnisse in der Rheinprovinz um 1850	2— 3
2. Gründung und Organisation der Rheinischen Provinzialhilfskasse	3— 7
3. Ausbau der Hilfskasse zur Landesbank der Rheinprovinz	7—13
a. erfolglose Bestrebungen bis 1870	7— 9
b. allmählicher Ausbau der Provinzialhilfskasse seit 1870	9—12
α. selbständige Verwaltung und Eigentumsüberweisung	10
β. Reform des rheinischen Immobiliarrechts	10—11
γ. Verstärkung der Betriebsmittel der Hilfskasse; Anleihescheine	11—12
δ. Ausdehnung ihres Geschäftskreises	12
c. Gründung der Landesbank 1888	12—13
III. Organisation und Verwaltung der Landesbank	13—16
1. Haftung des Provinzialverbandes	13—14
2. Verwaltungsorgane	14—15
3. Privilegien der Landesbank	15—16
IV. Die Betriebsmittel der Landesbank	16—32
1. Ihre Fonds	15—18
2. Die Kapitalien aus dem regulären Bankverkehr	18—19
a. Depositen	18—19
b. Kontokorrentgelder	19
3. Durch Ausgabe von Rheinprovinzanleihescheinen beschaffte Kapitalien	20—32
a. rechtliche Natur der Rheinprovinzanleihescheine	20—22
b. allgemeines Emissionsprivileg	22—25
c. einzelne Anleihemodalitäten	25—29
α. Unkündbarkeit für den Inhaber	25
β. Kündigungsrecht der Bank, zehnjährige Unkündbarkeit	25—27
γ. Tilgungszwang; seine Nachteile	27—29
d. Art der Begebung	29—32
α. keine Pfandbriefdarlehen; Agiokonto	29—30
β. französisches Begebungssystem	30—32
V. Tätigkeit und wirtschaftliche Bedeutung der Landesbank	32—90
A. Die Landesbank als Finanzinstitut der Provinzialverwaltung	32—40
1. als Kasseninstitut	32—34
2. als Bankinstitut	34—36
a. Annahme der Provinzialgelder als Depositen	34
b. Gewährung kurz- und langfristigen Kredits	34—36
3. als Erwerbsinstitut	36—40

	Seite
B. Die Landesbank als Zentralstelle der öffentlichen Kassen, besonders der Sparkassen der Rheinprovinz	40—43
C. Die Landesbank als Korporations- und Hypothekarkreditinstitut	43—90
1. die Verbindung beider Kreditarten; Konkurrenz der Darlehensgesuche	43—45
2. die Landesbank als Korporations- und Kommunalkreditinstitut	45—53
a. Begrenzung der Kreditgewährung	45
b. Zweck und Form des Korporationskredits im allgemeinen	45—46
c. andere Möglichkeiten der Beschaffung von Korporationskredit	46—49
d. Umfang und Bedeutung der Gewährung von Korporationskredit durch die Landesbank	49—51
e. besondere Arten von Korporationsdarlehen der Landesbank	51—53
3. die Landesbank als Hypothekarkreditinstitut für den städtischen Grundbesitz	53—56
a. sein Umfang	53—54
b. seine Bedeutung	54—56
α. Gewinn aus der Gewährung städtischer Hypotheken	54—56
β. Förderung des Kleinwohnungswesens	56
4. die Landesbank als ländliches Grundkreditinstitut	57—90
a. Zweck und Form des ländlichen Grundkredits	57—59
α. im allgemeinen	57—58
β. seine besonderen Erfordernisse bei mittel- und kleinbäuerlicher Bevölkerung	58—59
b. andere Kreditgeber für den ländlichen Grundbesitz in der Rheinprovinz	59—66
α. der Privatkredit	59—60
β. unvollkommen organisierte Grundkreditinstitute, besonders:	60—63
$\alpha\alpha$. die Sparkassen	60—63
$\beta\beta$. die ländlichen Kreditgenossenschaften	63
γ. vollkommen organisierte Grundkreditinstitute	63—66
$\alpha\alpha$. die Hypothekenbanken	64—65
$\beta\beta$. die Westfälische Landschaft	65—66
c. der ländliche Hypothekarkredit der Landesbank	66—90
α. ihre Beleihungsbedingungen	66—71
β. Umfang der ländlichen Beleihungstätigkeit	71—74
γ. Gründe für die geringen Beleihungen im Süden der Provinz	74—79
$\alpha\alpha$. schwächere Ausbildung des Hypothekarkredits	74—77
$\beta\beta$. das Fehlen von lokalen Vermittelungsstellen	77—79
δ. Versuche der Landesbank, lokale Vermittelungsstellen zu schaffen	79—87
$\alpha\alpha$. durch Verbindung mit Sparkassen und Kreditgenossenschaften	79—85
$\beta\beta$. durch die Errichtung besonderer Agenturen	85—87
ε. die Landesbank und die Versuche einer Entschuldungsaktion in der Rheinprovinz	87—90

Quellenangabe.

A. Allgemein:

1. Geschäftsberichte der Landesbank.
Lohe, Die Landesbank der Rheinprovinz. (Festschrift.) Düsseldorf 1903. (zitiert als Lohe.)
Akten der Landesbank.
Akten der Königl. Regierung zu Düsseldorf.
Verhandlungen des Rheinischen Provinziallandtags mit Anlagen.
Handbuch der Rheinischen Provinzialverwaltung. 1900.
2. Brämer, Die Grundkreditinstitute in Preußen. Zeitschrift des Königl. Preußischen Statistischen Bureaus. 7. Jahrgang 1867.
Flachsbarth, Die Hessische Landeshypothekenbank und ihre bisherige Entwickelung. Finanzarchiv, herausgegeben von Schanz. 25. Jahrgang. 1908.
v. d. Goltz, Artikel: „Landeskreditkassen" im Wörterbuch der Volkswirtschaft. 2. Auflage.
F. Hecht, Der Europäische Bodenkredit, 1. Bd. Leipzig 1903.
— Die Organisation des Bodenkredits in Deutschland. I. Abteilung: Die staatlichen und provinziellen Bodenkreditinstitute in Deutschland. I. und II. Band. Leipzig 1891.
— Artikel: „Bodenkreditinstitute" und „Landeskreditkassen" im Handwörterbuch der Staatswissenschaften. 3. bezw. 2. Auflage.
Krönig, Die Landesbank der Provinz Westfalen. (Festschrift Münster 1907.
Meitzen, Der Boden und die landwirtschaftlichen Verhältnisse des preußischen Staates. Bd. 1—8. Berlin 1868—1908.
v. Poschinger, Bankwesen und Bankpolitik in Preußen. Bd. I.—III. Berlin 1878—1879.

B. Speziell für Teil:

V. A. Preußische Statistik. Heft 215. Finanzstatistik der preußischen Provinzialverbände für das Rechnungsjahr 1903. 1909.
v. Kaufmann, Die Kommunalfinanzen. 2. Bände. Leipzig 1906.
Lübbering, Das Finanzwesen des Provinzialverbandes Westfalen. Leipzig 1909.

V. C. 2. Preußische Statistik. Heft 205. Finanzstatistik der preußischen Landkreise für das Rechnungsjahr 1903. Teil II. Die Anleiheschulden der preußischen Landkreise nach dem Stande vom 31./3. 1904. 1908.
Preußische Statistik Heft 217. Die Schulden der preußischen Städte usw. nach dem Stande vom 31./3. 1906. Teil I. und II. 1909.
Jastrow, Der städtische Anleihemarkt und seine Organisation in Deutschland. Conrads Jahrbücher III. Folge. Bd. 20. 1900.
Kutzer, Zur Organisation des Kredits der deutschen Städte. Aus: Gemeindefinanzen, II. Band. I. Teil. Schriften des Vereins für Sozialpolitik., 127. Bd. 1. Teil. Leipzig 1910.
Most, Die Schuldenwirtschaft der deutschen Städte. 1909.
Silbergleit, Preußens Städte. Berlin 1908.

V. C. 3. F. Hecht, Organisation des Bodenkredits in Deutschland. II. Abteilung: Die deutschen Hypothekenbanken. I. Band: Die Statistik. Leipzig 1903.
Fränken, Der Staat und die Hypothekenbanken in Preußen. Leipzig 1904.
Geschäftsberichte der Hypothekenbanken.

V. C. 4. Preußische Statistik. Heft 191. Statistik der Verschuldung des ländlichen Grundbesitzes in Preußen. I. Teil 1905. II. Teil 1906.
Die ländliche Verschuldung in der Rheinprovinz. Bonn 1907. Verlag der Landwirtschaftskammer.
Zeitschrift des landwirtschaftlichen Vereins für Rheinpreußen, seit 1900 als: Landwirtschaftliche Zeitschrift für die Rheinprovinz.
Buchenberger, Agrarwesen und Agrarpolitik. 2 Bände. Leipzig 1892 und 1893.
Franz, Die landschaftlichen Kreditinstitute in Preußen. Berlin 1902.
v. d. Goltz, Agrarwesen und Agrarpolitik. 2. Auflage. Jena 1904.
v. Hattingberg, Referat betr. die Frage der Hypothekarentschuldung. 3 Bände. Wien 1903.
F. Hecht, Organisation des Bodenkredits in Deutschland. III. Abteilung: Die Landschaften und landschaftsähnlichen Kreditinstitute in Deutschland. I. Band: Die Statistik. Leipzig 1908.
Lohe, Die Verschuldung des ländlichen Grundbesitzes in Folge der Erbteilungen usw. Düsseldorf 1901.
Mauer, Das landschaftliche Kreditwesen Preußens. Straßburg 1907.
Troch, Die wirtschaftliche Bedeutung der staatlichen und provinziellen Bodenkreditinstitute in Deutschland für den ländlichen Grundbesitz. Jena 1905.
Wygodzinski, Die Vererbung des ländlichen Grundbesitzes im Oberlandesgerichtsbezirke Köln. Landwirtschaftliche Jahrbücher XXVIII. Ergänzungsband I. Herausgegeben von Sering. Berlin 1899.

I.
Die verschiedenen Organisationsformen des Grund- und Korporationskredits.

Inmitten der großen Zahl verschiedenartig organisierter Bankinstitute, die sich in Deutschland bestimmungsgemäß der Pflege des Bodenkredits und daneben, wenigstens zum Teil, der des Korporationskredits widmen, lassen sich nach der Grundform ihrer Organisation drei scharf geprägte Gruppen unterscheiden. Die älteste, spezifisch preußische Organisationsform, deren Anfänge noch in das 18. Jahrhundert zurückreichen, ist die der Landschaften; ihre Grundlage bildet der genossenschaftliche Zusammenschluß der Grundbesitzer, der Schwerpunkt ihrer Tätigkeit liegt in den östlichen Provinzen Preußens. Ihnen gegenüber stehen, weit jüngeren Ursprungs, die auf der Verbindung der Kapitalisten beruhenden Kreditinstitute, die Hypothekenbanken; sie führen auf französisches Vorbild zurück und fanden seit der Mitte des 19. Jahrhunderts in Deutschland Eingang und bald starke Verbreitung. Die Institute der dritten Gruppe sind die Bodenkreditinstitute mit staatlicher oder provinzieller Haftbarkeit, die man zusammenfassend meist als „Landeskreditkassen" bezeichnet; ihre Gründungszeit fällt zum größeren Teil noch in die erste Hälfte des vorigen Jahrhunderts, ihr Verbreitungsgebiet waren ursprünglich vor allem die Mittel- und Kleinstaaten Mitteldeutschlands, erst später auch die westlichen Provinzen Preußens. Drei dieser Institute, die zu Hannover, Kassel und Wiesbaden, übernahm Preußen mit den Erwerbungen des Jahres 1866; hierzu kamen zwei, die sich aus den in den alten Provinzen Preußens bestehenden, gemeinnützigen Provinzialhilfskassen zu eigentlichen, bankmäßigen Bodenkreditanstalten entwickelten: die Landesbanken der Rheinprovinz und der Provinz Westfalen. Ihr organischer Zusammenhang mit dem Staat oder bestimmten Teilen des Staats gibt den Landeskreditkassen gegenüber den anderen Boden- und Korporationskreditinstituten ihr ganz bestimmtes Gepräge: neben ihren Aufgaben als Hypothekar- und Korporationskreditinstitut haben sie vielfach noch die Funktion eines Finanz-, oft auch Erwerbsinstitutes des für sie haftenden politischen Verbandes übernommen; ihre

Geschäftstätigkeit ist auf sein Gebiet beschränkt; ihre Verwaltung wird oft nicht nur nach geschäftsmäßigen Rücksichten, sondern im Zusammenhang mit wirtschaftspolitischen Bestrebungen des Staates geführt.

Die Landesbank der Rheinprovinz, aus der „Rheinischen Provinzialhilfskasse" hervorgegangen, ist frühestens seit 1880 als eine solche Landeskreditkasse anzusehen, somit eines der jüngsten dieser Institute. Aber in der kurzen Zeit ihres Bestehens hat sie sich zu der weitaus größten und bedeutendsten dieser Landeskreditanstalten entwickelt. Ihr Darlehnsbestand beträgt gegenwärtig bereits etwa eine halbe Milliarde Mark, eine fast beispiellos schnelle Entwickelung und eine große, wirtschaftliche Bedeutung, wie sie nur aus dem Zusammenhang des ganzen wirtschaftlichen Lebens der Rheinprovinz zu verstehen ist.

II.
Geschichte der Landesbank.

Die Vorgeschichte der „Landesbank der Rheinprovinz" reicht bis in die erste Hälfte des neunzehnten Jahrhunderts zurück. Im Gegensatz zu dem preußischen Osten mit seinem großzügig organisierten Grundkreditsystem der Landschaften und zu manchen der kleineren Staaten Mitteldeutschlands, bei denen der Korporations- und Grundkredit in den staatlichen Landeskreditkassen eine Stütze fand, entbehrte die Rheinprovinz noch ganz irgendwelcher Organisation des Hypothekar- und des ihm verwandten Korporationskredits. Der Grund hierfür lag einmal, wenigstens soweit die ländlichen Verhältnisse in Betracht kamen, in der starken Zersplitterung des Grundbesitzes, welche einen genossenschaftlichen Zusammenschluß der Landbesitzer zu einem Kreditverbande erschwerte. Als ausschlaggebend kamen die dem Grundbesitz höchst ungünstigen Bestimmungen des rheinischen Immobiliarrechts hinzu. In dem weitaus größten Teil der Rheinprovinz, abgesehen von den sechs landrechtlichen Kreisen im Norden und dem Bezirk des Justizsenats Ehrenbreitstein, galt das französische Recht des code civil, das in seiner Einwirkung auf die rechtliche und wirtschaftliche Gestaltung der Grundbesitzverhältnisse vor allem in den ländlichen Bezirken von verhängnisvollem Einfluß war. Besondere Bedeutung hatte der Umstand, daß das rheinische Immobiliarrecht die Übertragung des Eigentums an Immobilien ohne Eintragung in das Grundbuch zuließ und nicht-eintragungspflichtige, sogenannte „stillschweigende und Generalhypotheken" kannte; die Folge davon war eine derartige Verwirrung der Grundkreditverhältnisse, daß „tatsächlich der rheinische Hypothekarkredit getragen wurde von Treu und Glauben der Paktierenden, also vom Personalkredit."[1] Dazu kamen die Bestimmungen des französischen Rechts über die Regelung der Erbverhältnisse, die — im Gegensatz zu der vor 1804 auch in vielen rheinischen Gebieten herrschenden Sitte der Geschlossenheit der Güter — die gleiche Naturalteilung möglichst streng durchzuführen suchten, dadurch zu einer weiteren Zersplitterung des Grundbesitzes und Verwirrung der gesamten Immobiliarverhältnisse wesentlich beitrugen.

Erklärt diese Unsicherheit in den Eigentums- und Beleihungsverhältnissen den Mangel eines großen, speziell für den Hypothekarkredit organisierten Instituts, so wurden die Kreditverhältnisse noch schwieriger dadurch, daß es damals in der Rheinprovinz auch nur verhältnismäßig wenige Anstalten und Kassen mehr lokalen Charakters gab, deren Kapitalien, ohne direkt der Pflege des Grund- und Korporationskredits bestimmt zu sein, doch für diesen hätten von Bedeutung werden können. So zählte man 1849[2] z. B. in der Rheinprovinz erst 32 Sparkassen mit einem Gesamteinlagebestand von noch nicht 3 Millionen Talern. Städtischer wie ländlicher Grundbesitz sowie die Korporationen, insbesondere die Kommunen, waren fast ganz auf die Aufnahme von Individualkredit, sei es bei einzelnen Personen, sei es bei Kirchen, Klöstern und Stiftungen angewiesen. Seine Nachteile: hoher und schwankender Zinsfuß, Kündbarkeit und Fehlen einer planmäßigen Tilgung machten sich besonders für den ländlichen Grundbesitz bemerkbar und förderten seine zunehmende Verschuldung.

Diese Momente riefen um die Mitte der vierziger Jahre in der Rheinprovinz ein in immer stärkerem Maße sich geltend machendes Streben nach einer bankmäßigen Organisation des Grundkredits hervor. Viele Projekte zur Gründung eines rheinischen Grundkreditinstitutes privater Organisationsform, die in diesen Jahren auftauchten, mußten freilich, da sie nicht die erforderliche staatliche Genehmigung fanden, bald wieder aufgegeben werden. Der wichtigste dieser Pläne war das aus dem Jahre 1848 stammende Projekt zur Gründung einer „Rheinischen Hypothekenbank" in Köln; schon wegen des geforderten Staatszuschusses von 100 000 Talern hatte dieser Plan aber keine Aussicht auf Genehmigung[3].

So wandte sich das Interesse im Rheinland — ähnlich wie in anderen Provinzen — der Gründung eines öffentlichen Institutes zu, dessen Aufgabe die Förderung des Hypo-

---

[1] Lohe, Die Landesbank. S. 19.
[2] Meitzen, Der Boden III. Tabelle S. 437.
[3] Vergl. v. Poschinger, II. § 116.

thekar- sowie auch des Korporationskredits in der Rheinprovinz sein sollte. Ein Vorbild fanden diese Bemühungen in der seit dem 1. Januar 1832 in der Provinz Westfalen bestehenden „Provinzialhilfskasse"[1], deren Fonds in Höhe von etwas über 300000 Talern aus den Provinzialständen gehörenden, günstig angelegten Truppenverpflegungsgeldern erwachsen war. Nach ihrem unter dem 26. November 1831 genehmigten Statut gab die Kasse Darlehen aus zu $^1/_3$ gegen halbjährliche Kündigung, zu $^2/_3$ unkündbar gegen Amortisation, zu folgenden Zwecken[2]:

zur Gründung oder Erweiterung von Provinzialinstituten, an Gemeinden zur Schuldentilgung, Zinsherabsetzung, zu kommunalen Anlagen, ev. auch zur Abhilfe eines augenblicklichen Notstandes usw.; an ländliche Grundbesitzer zur Ablösung von Reallasten und als Meliorationsdarlehen, sowie als Darlehen zur Förderung nützlicher, insbesondere neuer Gewerbeanlagen.

Diese Provinzialhilfskasse, deren Statut im einzelnen allerdings in den nächsten Jahren mehrfach geändert und erweitert wurde — es wurde ihr insbesondere die Annahme von Sparkassen- und sonstigen öffentlichen Kassengeldern gestattet —, hatte sich in ihrer durch ihre geringen Mittel und engen Satzungen beschränkten Tätigkeit im ganzen recht wohl bewährt. Diese günstigen Resultate hatten schon im Jahre 1842 beim preußischen Staatsministerium den Gedanken an Gründung und Dotierung von weiteren Provinzialhilfskassen angeregt, um den „mehrfach ausgesprochenen Wünschen, daß auch in anderen Provinzen eine ähnliche wohltätige Einrichtung getroffen werden möge"[3], zu entsprechen. Anderweitige Verwendung der dafür in Aussicht genommenen Fonds zwangen indessen, den Plan wieder aufzugeben. Erst als im Jahre 1847 die inzwischen vollendete Konsolidierung des Preußischen Staatsschuldenwesens zu einem bedeutenden Teil den Betriebs- und Reservefonds der Hauptverwaltung der Staatsschulden für andere Zwecke verwendbar machte, wurde der Plan wieder aufgenommen. In einer längeren Denkschrift vom 4. April 1847 beantragte das Staatsministerium die Bereitstellung einer Summe von 2 Millionen Talern zur Dotierung der in den preußischen Provinzen zu errichtenden Provinzialhilfskassen. Die Denkschrift wies vor allem auf die Tätigkeit der westfälischen Provinzialhilfskasse hin, die sich „seitdem auf das vollkommenste bewährt" habe, stellte aber zugleich für die Errichtung der Provinzialhilfskassen einen neuen Gesichtspunkt

---

[1] Vergl. Krönig, Die Landesbank d. Provinz Westfalen, S. 1 ff.
[2] Statut vom 26./11. 31. § 8.
[3] Vgl. die Denkschrift vom 4./4. 1847.

auf, den der Förderung des Sparkassenwesens: man schaffe so einmal für die immer mehr sich entwickelnden Sparkassen die Möglichkeit, ihre verfügbaren Bestände jederzeit sicher und gewinnbringend anzulegen, ohne Gefahr einer allzu großen Zentralisation der Kapitalien; sodann könne man gleichzeitig einen Teil des zu erwartenden Zinsgewinnes als Sparprämien verwenden und dadurch die Verbreitung der Sparkassen auch direkt befördern. Die Dotation der Hilfskassen mit den zwei Millionen Talern, zu denen noch 500 000 Taler aus dem preußischen Landesunterstützungsfonds kommen sollten, war in der Art gedacht, daß den einzelnen Provinzen ein entsprechender Anteil zinsfrei überwiesen werden, dem Staate aber das Eigentum daran verbleiben sollte. Eine Zurückziehung der Dotationssumme war indessen nur bei einer Verwendung der Gelder entgegen ihrer ursprünglichen Bestimmung oder bei Erhöhung des Fonds durch die Zinsgewinne auf das alterum tantum in Aussicht genommen. Die Verwaltung dachte man den Provinzialständen zu übertragen; die Abhängigkeit von der Regierung sollte durch die Kontrolle des Oberpräsidenten und die Oberaufsicht des Ministers des Innern gewahrt werden.

Diesem Bericht entsprechend erließ der König am 7. April 1847 eine Botschaft an die zum Vereinigten Landtag versammelten Stände, in der er „in landesväterlicher Fürsorge für die Kultur und den Verkehr Unserer Staaten, insbesondere zur Beförderung des so heilsamen Sparkassenwesens" die Begründung solcher Provinzialhilfskassen in allen Provinzen in Aussicht nahm.

Infolge der Wirren der nächsten stürmischen Jahre gelangten die Verhandlungen über die Satzungen der dementsprechend gegründeten Rheinischen Provinzialhilfskasse erst im Jahre 1853 zum Abschluß. Das Statut, durch Kabinettsordre vom 27. September 1852 und 14. März 1853 bestätigt, hält sich ziemlich genau an die Vorschläge der Denkschrift. Die Kasse erhielt ihren Sitz in Köln, wo neben einer Filiale der Königlichen Bank besonders „viele und bedeutende Bankiershäuser"[1] bestanden und den Mittelpunkt des finanziellen Lebens der Rheinprovinz bildeten; war so die Entfernung von der Aachener und den Wuppertaler Sparkassen nicht allzuweit. Die Leitung lag in den Händen eines Direktoriums, von dem drei Mitglieder von der Provinzialversammlung gewählt, das vierte als Syndikus vom Oberpräsidenten der Rheinprovinz ernannt wurde. Die Oberleitung der Hilfskasse, wie auch das Eigentum an ihrem auf 400 000 Taler festgesetzten Stammfonds blieb der Staats-

---

[1] Verh. d. 9. Pr. Landtags 1851, Gutachten der Stände über die für die Rheinprovinz zu errichtende Provinzialhilfskasse vom 18./10. 1851.

regierung, die durch den Oberpräsidenten vertreten wurde. Nach § 8 des Statuts sollte die Kasse Darlehen gewähren
  a) zur Gründung oder Erweiterung von Provinzialinstituten,
  b) an Kommunen und Korporationen,
  c) an Unternehmer nützlicher und neuer Gewerbeanlagen,
  d) an Landwirte zu Kulturverbesserungen.

Die Kasse war verpflichtet (§ 4), Sparkassengelder in jeder Höhe anzunehmen und zu verzinsen; auch war ihr gestattet, Depositen aus Provinzial-, Gemeinde- und Institutenkassen anzunehmen (§ 5). Der jährliche Zinsgewinn war (§ 16) zur Hälfte zur Prämiierung von Sparkasseninteressenten der Provinz zu verwenden; ein Viertel sollte zum Stammfonds der Hilfskasse geschlagen werden, das letzte Viertel stand zu freier Verfügung der Provinzialstände und sollte zu öffentlichen Zwecken innerhalb der Provinz verwandt werden.

Es zeigte sich bald, daß eine derartige Provinzialhilfskasse nicht den berechtigten Wünschen der Provinzialstände sowie der rheinischen Grundbesitzer, besonders der ländlichen, entsprechen konnte. Vor allem war die Beschränkung ihrer Betriebsmittel auf den Stammfonds und die Depositen der Sparkassen und anderer öffentlicher Kassen ein Hindernis für jede größere Ausdehnung der Kreditgewährung. Schon in den ersten Jahren nach Gründung der Hilfskasse zeigte sich dieser Mangel an Kapitalien: sie reichten kaum für die von Gemeinden nachgesuchten Darlehen aus, sodaß an Privatpersonen fast gar keine Darlehen gegeben werden konnten[1]. Im Jahre 1864 entfielen von einem bis dahin ausbezahlten Darlehensbestande von 3060059 Talern nur 14500 Taler auf Darlehen an gewerbliche Unternehmer und nur 2000 Taler auf solche an ländliche Grundbesitzer zu Kulturverbesserungen[2]. Eine wirksame Konkurrenz mit anderen lokalen Kreditinstituten, wie insbesondere der großen Sparkasse des Aachener Vereins zur Beförderung der Arbeitsamkeit und der Kommunaldepositenkasse in Trier, war daher ganz unmöglich.

Dazu kam, daß durch das Statut die Darlehensgewährung an Landwirte äußerst beschränkt war; nur Meliorationsdarlehen waren gestattet, die wichtigsten Fälle des ländlichen Grundkredits, die Fälle der Gutsankäufe und Erbauseinandersetzungen hingegen waren ausgeschlossen. Doch war diese Bestimmung insofern durchaus gerechtfertigt, als gerade die Beleihung ländlicher Grundstücke innerhalb des Bereichs

---

[1] Vgl. die Verwaltungsberichte 1856 u. 1857, sowie die „Adresse betr. die ständ. Proposition betr. Erweiterung der Befugnisse der Rh. Pr. Hilfskasse" i. d. Verh. d. 13. Rh. Pr. Landtages 1858.

[2] Verh. d. 17. Pr. Landtags 1864.

einer so großen Provinz wegen der Unsicherheit der Eigentums- und Verschuldungsverhältnisse ein besonderes Risiko in sich schloß. Sodann war die Provinzialhilfskasse überhaupt kein eigentliches, nur nach wirtschaftlichen Erwägungen geleitetes Kreditinstitut, sondern eine staatliche Kasse, dazu bestimmt, im Dienste gemeinnütziger Zwecke und der Förderung staatlicher Wirtschaftspolitik tätig zu sein. Dies geht hervor aus den Bestimmungen über die Darlehensgewährung „an Unternehmer nützlicher und neuer Gewerbeanlagen" sowie daraus, daß eine der wichtigsten Aufgaben der Hilfskasse die Förderung des Sparkassenwesens sein sollte durch Prämiierung von Sparern, Annahme von Depositen aus Sparkassen und Förderung der Errichtung öffentlicher wie privater Sparkassen (§ 26).

Konnte so die Rheinische Provinzialhilfskasse dem Kreditbedürfnis des städtischen und besonders des ländlichen Grundbesitzes nicht im geringsten entsprechen, so mußte die Notwendigkeit eines auch für die Landwirtschaft bestimmten Grundkreditinstitutes in den nächsten Jahren nach der Gründung der Hilfskasse erst recht dringend werden infolge der gerade im Rheinland sich fühlbar machenden Inanspruchnahme des Kapitals durch Handels- und Industrieunternehmungen wie Eisenbahngesellschaften. Nach zwei verschiedenen Richtungen hin machte sich dies Streben auf Schaffung eines rheinischen Grundkreditinstitutes geltend. Auf der einen Seite bemühte man sich um Gründung eines selbständigen rheinischen Grundkreditinstitutes neben der Provinzialhilfskasse; es kam zu einer großen Zahl verschiedenartigster Projekte, die aber alle — wie auch schon die ähnlichen Bestrebungen früherer Jahre — teils an der Verworrenheit der rheinischen Immobiliarverhältnisse, teils an banktechnischen Schwierigkeiten und dem Widerstande der preußischen Regierung scheiterten. Im Jahre 1856 versuchte der landwirtschaftliche Verein für Rheinpreußen auf Grund finanzieller Beteiligung von Grundbesitzern vergeblich die Gründung einer landwirtschaftlichen Hypothekenbank: „Landkredit-Aktien-Gesellschaft für Rheinland und Westfalen" mit einem Stammkapital von 12 Millionen Talern. Nach dem Mißlingen dieses Planes gründeten im Jahre 1857 Kölner Kapitalistenkreise eine Hypothekenbank in Form einer Aktiengesellschaft unter der Firma: „Landkreditgesellschaft für Rheinland und Westfalen", die aber wegen der Nichtgenehmigung des in Höhe von 3 Millionen Talern erstrebten Banknotenprivilegs sich wieder auflöste. Ferner tauchten mehrmals Projekte auf zur Gründung einer rheinischen Landschaft, so in den Jahren 1868/69 der Plan der Errichtung eines „Grundkreditverbandes für die Rheinprovinz"; aber auch diese Versuche mußten als aussichtslos aufgegeben werden, kam doch zu den anderen Schwierigkeiten bei diesen Plänen noch der Umstand hinzu, daß wegen der verschiedenartigen landwirtschaftlichen Verhältnisse in der Rheinprovinz ein solcher genossenschaftlicher Zusammenschluß der Landwirte der ganzen Provinz besonders schwierig war.

Auf der andern Seite drängte das immer stärker werdende Streben nach einem vor allem den ländlichen Interessen dienenden Bodenkreditinstitute auf den Ausbau der schon bestehenden Provinzialhilfskasse; Führer dieser Bewegung war die Provinzialverwaltung und die Direktion der Hilfskasse selbst. Sie fanden Unterstützung vor allem beim landwirtschaftlichen Verein für Rheinpreußen, der bei der Aussichtslosigkeit seiner früheren Pläne, ein besonderes landwirtschaftliches Grundkreditinstitut zu errichten, diesen Weg als den einzig möglichen erkannte. In zahlreichen Denkschriften und Berichten an die Staatsregierung suchte die Direktion immer wieder eine Beseitigung wenigstens der lästigsten statutarischen Beschränkungen der Provinzialhilfskasse zu erreichen. In erster Linie forderte sie eine Verstärkung der Betriebsmittel, sei es durch Erlaubnis der Depositenannahme auch von Privaten, sei es durch Ausgabe unkündbarer Inhaberobligationen oder kündbarer und verzinslicher Inhaberschuldscheine oder auch durch Emission von Banknoten, wobei dann eventuell die Provinz die Garantie für alle Verpflichtungen der Hilfskasse übernehmen sollte. Auch schlug die Direktion vor, die nötigen Betriebsmittel durch Gemeinde-Umlagen zu beschaffen, ein Weg, der aber wegen der damals praktisch kaum auszuführenden Verteilung auf die einzelnen Gemeinden ganz ungangbar erschien. Daneben bemühte man sich darum, im ländlichen Beleihungsgeschäft wenigstens dadurch etwas freiere Hand zu bekommen, daß die Hauptfälle des ländlichen Realkredits, Kauf- und Erbkredit, in den Kreis der der Kasse erlaubten Darlehensgeschäfte mit einbezogen würden.

Aber alle diese Bemühungen, die auch sonst noch, z. B. vom Königlichen Landesökonomiekollegium grundsätzlich unterstützt wurden, blieben infolge des hartnäckigen Widerstandes der preußischen Regierung fast ganz erfolglos. Nur zu wenigen, kleinen Erleichterungen war sie bereit: im Jahre 1857 wurde die Ermächtigung erteilt, Gelder aus Handwerker-, Unterstützungs-, Kranken- und Sterbekassen sowie Pupillengelder zur Verzinsung anzunehmen; 1860 wurde ferner bestimmt, daß hinfort nur noch ein Viertel des Reingewinnes zur Prämiierung von Sparern verwandt werden solle. Alle anderen geforderten Änderungen hingegen lehnte die Regierung immer wieder ab; die Bedenken, die sie dabei bestimmten, waren zum Teil banktechnischer Art, so gegenüber dem Vorschlage, Gelder, die als Depositen oder gegen

Banknoten erhalten seien, in Hypotheken anzulegen. Ausschlaggebend für die ablehnende Haltung der Staatsregierung war aber eine andere Erwägung: die Provinzialhilfskasse war, da ja ihr Stammfonds Staatseigentum geblieben war, im Grunde „kein provinzielles Institut, sondern eigentlich ein staatliches, unter staatlicher Leitung und Verantwortung stehendes"[1]. Bei einer etwaigen Ausdehnung der Darlehenstätigkeit und der Ausgabe von Obligationen oder Banknoten befürchtete man daher, dem Staat eine zu weit gehende Haftpflicht und eventuelle finanzielle Belastung aufzubürden. Diese ablehnende Haltung der Regierung entsprach somit durchaus der bisherigen Stellung Preußens zu der Frage der Pflege des Hypothekar- und Korporationskredits unter staatlicher Haftbarkeit. Schon in der ersten Hälfte des 19. Jahrhunderts hatte Preußen — im Gegensatz zu einer Reihe kleinerer Staaten Mittel- und Nordwestdeutschlands — mit einer einzigen Ausnahme[2] eine solche grundsätzlich abgelehnt. Seit Erlaß der Verfassung stützte sich die Regierung dabei auf den Artikel 103, der die Übernahme von Garantien zu Lasten des Staates nur auf Grund eines Gesetzes zuläßt. Anderseits erschien der Regierung aber auch die schon damals vorgeschlagene Übernahme der Haftpflicht für ausgegebene Noten und Obligationen auf die Provinz „juristisch bedenklich und unzulässig".

Erst um das Jahr 1870 änderte die preußische Regierung etwas ihren Standpunkt. Im Jahre 1866 hatte Preußen mit den neu angegliederten Landesteilen auch die drei schon länger bestehenden, recht umfangreiche Darlehensgeschäfte betreibenden Landeskreditkassen in Hannover, Kassel und Wiesbaden übernommen. Bisher hatte für diese Grundkreditinstitute eine Garantie ihres Staates bestanden; eine Übernahme dieser Haftung auf den preußischen Staat hätte der bisherigen konsequenten Bankpolitik Preußens direkt widersprochen. So mußte es nach 1866 eine der ersten Maßnahmen sein, die für diese Banken bestehende Staatsgarantie zu beseitigen; man konnte sich dabei wieder auf den Artikel 103 der preußischen Verfassung berufen, mit dem es in Widerspruch stehe, „wenn ein Institut die Befugnis habe, unbeschränkte Anleihen aufzunehmen, für welche der Staat verhaftet ist"[3]. Die Gestaltung der drei übernommenen Institute wurde durch Gesetz vom 25. Dezember 1869 auf dem Wege des Kompromisses geregelt: mit dem 1. Januar 1870

---
[1] Landesrat Küster i. d. 2. Sitzg. des 33. Pr. Landtags am 9./2. 1888.
[2] Das 1835 zur Beleihung landschaftlicher Rittergüter hinter der Landschaft gegründete „Königliche Kreditinstitut in Schlesien" hatte staatliche Garantie. 1850 wurde es eben mit Rücksicht auf Art. 103. V. U. wieder aufgehoben.
[3] Vergl. Hecht, Organisation I. Einleitung § 1.

gingen die gesamten Rechte und Verbindlichkeiten des Staates hinsichtlich der drei Anstalten auf den entsprechenden provinzial- oder kommunalständischen Verband über.

Ähnlich wie die Übernahme der Staatsbahnen der 1866 annektierten Länder zu einer Änderung der prinzipiellen Stellung Preußens in der Frage der Eisenbahnverstaatlichung beitrug, bestimmte die glückliche Neugestaltung der drei 1866 auf Preußen übergegangenen Landeskreditanstalten die Regierung dazu, in der Frage des Ausbaues der Rheinischen Provinzialhilfskasse ihre ablehnende Haltung aufzugeben: sie entschloß sich, gelegentlich der allmählichen Umwandlung der rheinischen Provinzialverfassung auch der Provinzialhilfskasse eine freiere und selbständigere Stellung, ähnlich jener der drei übernommenen Landeskreditkassen, zu geben. Der erste Schritt hierzu war der am 1. März 1873 erfolgende Übergang der Leitung und Verwaltung der Hilfskasse in die volle ständische Verwaltung, die der nach Erlaß vom 27. September 1871 zu bildende Provinzialverwaltungsrat und seine Organe ausüben sollten. Sodann wurden allgemein durch den § 8 des Dotationsgesetzes vom 8. Juli 1875 die im Jahre 1847 den Provinzen widerruflich überwiesenen Hilfskassenfonds ihnen jetzt „als ein ihnen gehöriges Vermögen überwiesen". Im Anschluß an diesen Eigentums-Übergang wurde 1881 die Rheinische Provinzialhilfskasse unter Wahrung ihres Charakters als „selbständiges Provinzialinstitut mit juristischer Persönlichkeit"[1] mit der Provinzialständischen Hauptkasse vereinigt und nach dem Vorbild der Nassauischen Landesbank mit der Führung der gesamten Kassengeschäfte der Provinzialständischen Verwaltung betraut[2].

Eine zweite Vorbedingung für eine bedeutendere Entwicklung der Rheinischen Provinzialhilfskasse war neben der Schaffung einer selbständigeren Stellung die völlige Neugestaltung des rheinischen Liegenschaftsrechts. Boten doch gerade die ländlichen Bezirke der Provinz, das eigentliche Tätigkeitsfeld der Hilfskasse, wegen der besonders unsicheren und verworrenen Grundbesitz- und Verschuldungsverhältnisse der Beleihung durch ein zentrales Kreditinstitut fast unüberwindliche Schwierigkeiten: auch die Errichtung einer besonderen Landeskulturrentenbank der Rheinprovinz mußte mit Rücksicht auf das bestehende Immobiliarrecht unterbleiben[3]. So hatte man schon seit der Mitte des Jahrhunderts eine Reform des rheinischen Liegenschaftsrechts erstrebt; ein von dem damaligen Appellationsgerichtsrat Reichensperger ausgearbeiteter „Entwurf eines Hypothekengesetzes für den

---

[1] Verh. d. 27. Pr. Landtags 1881. Anhang 49.
[2] Vergl. Reglement vom 12./5. 1882.
[3] Verh. d. 27. Pr. Landtags 1881. Anhang 52.

Bezirk des Rheinischen Appellationsgerichtshofes" fand zwar die Billigung des 9. Rheinischen Provinziallandtages 1851, aber nicht die Zustimmung des Justizministers[1]. Erst nach 1880 hatten diese Bestrebungen, die besonders von der Provinzialverwaltung und der Direktion der Hilfskasse befördert wurden, Erfolg: am 1. Juli 1885 trat das „Gesetz über die Veräußerung und Belastung von Grundstücken im Geltungsbereich des Rheinischen Rechts", am 1. Januar 1889 das Gesetz über die Einführung der Preußischen Grundbuchgesetzgebung in Kraft.

Während so die Grundlagen für eine gedeihliche Entwicklung der Provinzialhilfskasse geschaffen wurden, suchte man auch sie selbst durch mehrere Satzungsänderungen nach zwei Richtungen hin auszubauen. Man gab der Hilfskasse erstens die Möglichkeit, sich Betriebsmittel in weitestem Maße zu verschaffen; eine Maßregel, die deshalb von besonderer Bedeutung war, weil die bisherigen, recht geringen Kapitalien tatsächlich um 1880 schon ganz „vergriffen waren, ohne daß es möglich war, einesteils die statutgemäß zu gebenden Darlehen auf längere als zehnjährige Amortisationszeit zu bewilligen und andernteils überhaupt den von den Gemeinden und Kreisen gestellten Anträgen nachkommen zu können"[2]. Es wurde nämlich einmal der Hilfskasse 1885 endlich gestattet, — nachdem sie bisher zu den verschiedensten Malen vergebens darum nachgesucht hatte — Depositen nicht nur aus öffentlichen Kassen, sondern auch von Privatpersonen anzunehmen. Die bisher für die Regierung maßgebende Befürchtung, daß die Summe der Depositen im Verhältnis zum Stammkapital zu hoch sein möchte, mußte ja jetzt im Hinblick auf die Haftung der Provinz für die Hilfskasse zurücktreten. Doch wurde als Mindestbetrag für die Annahme von Privatdepositen die Summe von 2000 Mk. festgesetzt, damit die Hilfskasse nicht durch Annahme kleiner Ersparnisse den kommunalen Sparkassen Konkurrenz machen könne. Sodann wurden die Betriebskapitalien der Hilfskasse dadurch wesentlich vermehrt, daß ihr im Jahre 1880 zum ersten Mal eine Emission von Rheinprovinzanleihescheinen zum Zweck der Beschaffung von Betriebsmitteln in Höhe von drei Millionen Mark gestattet wurde; erst seit dieser Maßnahme ist die Rheinische Provinzialhilfskasse als ein bankmäßig organisiertes Bodenkreditinstitut zu betrachten. Der ersten Emission von Provinzialobligationen zur Beschaffung von Betriebsmitteln folgten bald, in den Jahren 1883, 1886 usw., weitere Ausgaben; in dem Statut von 1881 und einem Nachtrag vom

---

[1] Verh. des 29. Pr. Landtags 1883. Anhang 37. Anlage E.
[2] Verh. des 33. Pr. Landtags, Referat „betr. Erweiterung der Provinzialhilfskasse..." vom 12./1. 1888.

Jahre 1885 wurde als allgemeiner Grundsatz betont, daß die Betriebsmittel der Bank je nach Bedarf durch Ausgabe von Rheinprovinzanleihescheinen verstärkt werden sollten.

Auf der anderen Seite ging der Ausbau der Hilfskasse entsprechend der Stärkung ihrer Betriebsmittel auf eine Ausdehnung ihrer Aktivgeschäfte. Wichtig ist in dieser Beziehung die schon 1873 bei dem Übergang der Hilfskasse in die ständische Verwaltung erfolgte Statutenänderung, durch welche die Förderung des Sparkassenwesens als speziell hervorgehobener Zweck und damit auch die Prämiierung von Sparern wegfiel. Diese Bestimmungen hatten sich überhaupt nicht recht bewährt[1], zum Teil hatten die Prämiengelder mangels Anwendungsmöglichkeit anderen Zwecken, wie der Schaffung des Rheinischen Meliorationsfonds, dienen müssen; die starke Entwicklung der rheinischen Sparkassen in den letzten Jahrzehnten machte die Bestimmungen vollends unnötig. Der Zinsgewinn der Hilfskasse stand von jetzt an den Ständen zu $3/4$ zur freien Verfügung für öffentliche Zwecke, als sog. „Ständefonds"[2], während $1/4$ wie bisher der Vermehrung des Stammkapitals bestimmt blieb. Dadurch erscheint seit 1873 das Darlehens- und das Depositengeschäft der Hilfskasse nicht mehr, wie tatsächlich bisher, als „Mittel zum Zweck"[3], sondern als ihre wichtigste Aufgabe. Auch die Bestimmungen über die Darlehensgewährung selbst wurden wesentlich erweitert; es wurde als allgemeiner Grundsatz aufgestellt, die Darlehen weniger an größere Verbände und Korporationen zu geben, wie es bis dahin meist geschehen war, und dafür die Darlehensgewährung an einzelne Personen mehr zu pflegen[4]. Vor allem wurde — auch dies war schon mehrmals vergebens beantragt worden — Kreditgewährung an Landwirte auch zu anderen Zwecken als zu Meliorationen gestattet: 1882 wurden Darlehen an ländliche Grundbesitzer „zur Erhaltung des ererbten Besitzes in der Familie", 1885 solche zur „Verbesserung und Hebung der wirtschaftlichen Lage der Grundbesitzer im Allgemeinen" zugelassen. Daneben wurden auch die einzelnen Bedingungen, zu denen solche Darlehen gewährt wurden, mehrfach erleichtert.

Wie aus der schon bald stärker werdenden Inanspruchnahme der Provinzialhilfskasse durch ländliche Grundbesitzer hervorgeht[5], war es durch diese vielfachen Reformen gelungen,

---

[1] Verh. des 21. Pr. Landtags 1872: „Bericht betr. den Antrag auf Änderung des § 16 des Statuts der Provinzialhilfskasse."
[2] Später „Dispositionsfonds" genannt.
[3] Lohe, Die Landesbank. S. 15.
[4] Verh. des 30. Pr. Landtags 1884. Anhang 3. Anlage B.
[5] Jahresbericht des landw. Centralvereins für Rheinpreussen für das Jahr 1885. S. 9.

die Grundlagen zu einer großzügigen Tätigkeit und stärkeren Entwickelung der Hilfskasse zu schaffen. Als dann durch Gesetz vom 1. Juli 1887 die Einführung der neuen Provinzialordnung in der Rheinprovinz am 1. April 1888 und damit (§ 121) der Übergang der Provinzialhilfskasse vom bisherigen Provinzialständischen Verband auf den Provinzialverband der Rheinprovinz bestimmt wurde, beschloß am 17. Februar 1888 der 33. Rheinische Provinziallandtag die Umwandlung der Rheinischen Provinzialhilfskasse in eine „Landesbank der Rheinprovinz"; die Statuten der bisherigen Hilfskasse wurden der neuen Organisation entsprechend unter Anlehnung an die Satzungen der vielfach als Vorbild dienenden Nassauischen Landesbank geändert. Den neuen Namen Landesbank hatte man gewählt, weil man befürchtete, mancher Darlehnssucher möchte sich scheuen, bei einer „Hilfskasse" Kredit zu nehmen, und weil eine Verwechslung mit den Hilfskassen im Sinne der Versicherungsgesetze zu befürchten war. Auch schien der umfassendere Name „Landesbank" eher geeignet, die durch seinen Ausbau völlig veränderte Bedeutung des Instituts zu kennzeichnen, das aus einer gemeinnützigen, nur in engen Grenzen wirkenden Kasse zu einem großen Bankinstitut geworden war, dessen Darlehnsbestand sich schon Ende 1887 auf mehr als 27 Millionen Mark belief. Am 23. April 1888 wurden die Statuten der neuen „Landesbank der Rheinprovinz" genehmigt; ihren Sitz erhielt sie in Düsseldorf, wohin schon 1878, im Anschluß an die 1873 erfolgte Übersiedelung der Provinzialverwaltung von Koblenz nach Düsseldorf, zur Erleichterung des Geschäftsverkehres auch die Provinzialhilfskasse verlegt worden war.

III.
Organisation und Verwaltung der Landesbank.

Ursprünglich als staatliches Institut gegründet, war die Rheinische Provinzialhilfskasse durch die Bestimmung des Dotationsgesetzes von 1875 mit ihren Fonds den Provinzialständen als Eigentum überwiesen und somit zu einem provinzialständischen Institut geworden. Mit Einführung der neuen Provinzialordnung trat am 1. April 1888 an die Stelle des bisherigen Verbandes der Stände der Rheinprovinz der „Provinzialverband" als selbständige kommunale Zusammenfassung der Kreisverbände. Auf diesen Provinzialverband gingen die Rechte und Pflichten des bisherigen Provinzialständischen Verbandes über[1], so vor allem auch die Rheinische Provinzialhilfskasse mit ihren sämtlichen Rechten und Verbindlichkeiten.

---
[1] Rhein. Provinzialordnung § 123.

Somit erscheint auch die bald an die Stelle der Hilfskasse tretende „Landesbank der Rheinprovinz" als Institut des Provinzialverbandes; sie „wird für Rechnung des Provinzialverbandes der Rheinprovinz" verwaltet [1], dieser haftet für ihre Verbindlichkeiten, insbesondere für die von der Landesbank ausgegebenen Rheinprovinzanleihescheine [2]. Doch ist die Landesbank nicht etwa nur als Kasse, als statio fisci der Provinz zu betrachten; vielmehr ist sie selbständige juristische Persönlichkeit mit den Rechten einer „privilegierten öffentlichen Korporation" [1]. Die Landesbank, nicht der Provinzialverband wird aus den Rechtsgeschäften der Bank zunächst berechtigt und verpflichtet.

Die Verwaltung der Landesbank ist, entsprechend dem Charakter der Bank als Provinzialinstitut, der Provinzialverwaltung eingegliedert und durch das Statut der Landesbank im einzelnen genau geregelt [3]. Die unmittelbare Verwaltung und Vertretung der Landesbank liegt dem — seinerseits dem Landeshauptmann unterstellten — Landesbankdirektor und den ihm zugeordneten Beamten — Landesbankräten — ob. Jener wird in der Leitung der Verwaltung unterstützt sowie kontrolliert von einem Kuratorium, das außer dem Landeshauptmann und dem Landesbankdirektor aus fünf von dem Provinzialausschuß zu wählenden Mitgliedern besteht. Dieses Kuratorium hat vor allem allgemeine Bedingungen für die verschiedenen Zweige der Geschäftstätigkeit der Bank festzusetzen, so für den Kontokorrentverkehr, die Annahme von Depositen, Lombardierung, die Anlage disponibler Fonds und Barbestände; besonders auch Zinsfuß und Rückzahlungsbedingungen auszuleihender Kapitalien sowie „die Genehmigung zu Darlehensbewilligungen, soweit nicht für bestimmte Kategorien von Darlehen im Voraus Normen durch Beschluß des Provinzialausschusses festgesetzt sind", unterliegen seiner Beschlußfassung. Ferner ist das Kuratorium Beschwerdeinstanz gegen nichtdisziplinarische Verfügungen des Landesbankdirektors und hat die dem Provinzialausschuß zu machenden Vorlagen der Landesbank vorzuprüfen und festzustellen. Über diesem Kuratorium „verbleibt die obere Leitung und Verwaltung" der Landesbank dem Provinzialausschuß. Seiner Beschlußfassung unterliegt einmal die Festsetzung allgemeiner Normen für solche Darlehensarten, die der Landesbankdirektor ohne Genehmigung des Kuratoriums bewilligen kann [4]; sodann liegt ihm die Wahl der Mitglieder des Kuratoriums und der Landesbankbeamten ob, ferner vor allem der Erlaß der Geschäftsanweisung und

---

[1] Statut § 4.
[2] Regulativ betr. die Ausgabe von Rheinprovinzanleihescheinen § 11.
[3] Statut §§ 18—24.
[4] Eine solche Festsetzung erfolgte durch Beschluß des Provinzialausschusses vom 17./12. 1907, Verw.-Bericht 1907/08. S. 4.

Dienstinstruktion für die Beamten, die Festsetzung der Kautionen von Kassenbeamten sowie die Vorprüfung des Etats und der Jahresrechnungen behufs Vorlage an den Provinziallandtag. Diesem selbst sind durch das Statut die obersten Verwaltungsbefugnisse vorbehalten: er hat über allgemeine Verwaltungsgrundsätze, über die Feststellung des Etats und die Entlastung der Jahresrechnungen zu beschließen; ferner entscheidet er über die Verwendung der Überschüsse der Landesbank, über die Höhe und die außerordentliche Dotierung des Reservefonds, über die Verstärkung des Betriebsfonds durch Ausgabe von Rheinprovinzanleihescheinen sowie schließlich über alle Abänderungen des Statuts.

Durch einen vom 41. Rheinischen Provinziallandtag beschlossenen, am 1. Juli 1899 genehmigten Nachtrag zum Statut sind der Landesbank auf Grund des Gesetzes vom 3. August 1897 „betreffend die Zwangsvollstreckung aus Forderungen landschaftlicher (ritterschaftlicher) Kreditanstalten" zwei für die Verwaltung bedeutungsvolle Privilegien verliehen, wie sie ähnlich schon vor dem Erlaß des Gesetzes fünf ältere preußische Landschaften besessen hatten. Es wurde einmal dem Provinzialausschuß das Recht gegeben, einen oder mehrere der höheren, zum Richteramt befähigten Beamten der Landesbank zum „Syndikus der Landesbank" zu bestellen. Dieser hat die gleichen Rechte wie ein preußischer Notar; er kann mit gleicher Wirksamkeit Verträge und Verhandlungen aufnehmen und ausfertigen, Urkunden sowie Grundbuchanträge beglaubigen. Daher findet aus Urkunden, die dieser Beamte innerhalb der Grenzen seiner Amtsbefugnisse aufgenommen hat, die gerichtliche Zwangsvollstreckung nach den Vorschriften der Zivilprozeßordnung über die Zwangsvollstreckung aus notariellen Urkunden statt.

Sodann steht der Landesbank auf Grund des Statutennachtrages ein von dem Landesbankdirektor als Vollstreckungsbehörde auszuübendes Zwangsvollstreckungsrecht nach Maßgabe des Gesetzes vom 3. August 1897 zur Beitreibung fälliger Forderungen „gegen Schuldner, die Eigentümer des beliehenen Grundstückes sind,"[1] zu. Kraft dieses Rechtes kann die Landesbank entweder die Zwangsvollstreckung in das bewegliche Vermögen des Schuldners betreiben nach den Vorschriften der Verordnung über das Verwaltungszwangsverfahren, oder sie kann — auch eine Verbindung beider Zwangsvollstreckungsarten ist möglich — die gerichtliche Zwangsversteigerung der von ihr beliehenen Grundstücke betreiben, wobei „der Antrag der Landesbank auf Zwangsversteigerung den vollstreckbaren Schuldtitel ersetzt."

---

[1] Nachtrag zum Statut § 1.
Nachtrag zum Statut § 6.

Wie schon diese beiden Privilegien, die bei dem großen Geschäftsbetrieb der Landesbank eine Ersparung hoher Unkosten und großer Weitläufigkeiten bedeuten, sich auf die öffentlich-rechtliche Stellung der Landesbank gründen, so hat diese noch einen weiteren Vorteil für die Verwaltung der Landesbank: sie genießt in der ganzen Provinz die Unterstützung der kommunalen Verwaltungsbehörden, die für die Bank in Anbetracht der großen örtlichen Ausdehnung ihrer Tätigkeit von besonderer Bedeutung ist. Nach § 26 des Statuts sind die Verwaltungsbehörden in der Provinz verpflichtet, dem Landesbankdirektor „die in dem Geschäft der Landesbank erforderliche Auskunft zu erteilen", die Landräte und Bürgermeister haben eventuellen Rückfragen des Direktors zu entsprechen und „wenn Gefahr für die Darlehen der Landesbank in ihrem Bereiche ihnen kund wird, davon dem Direktor unaufgefordert Mitteilung zu machen." Außerdem sollen die Bürgermeister auf Wunsch von Darlehenssuchern Anträge auf Darlehensbewilligung protokollarisch aufnehmen und an die Landesbank weitergeben. Von praktischer Bedeutung werden diese Bestimmungen über eine Unterstützung der Landesbankverwaltung durch die kommunalen Behörden vor allem dadurch, daß die Landesbank vielfach die ihr von ländlichen Darlehenssuchern eingereichten Taxen zu beleihender Grundstücke durch den Bürgermeister oder auch durch den Landrat nachprüfen und sich eventuell allgemeine Auskunft über den kreditsuchenden Landwirt geben läßt.

IV.
Die Betriebsmittel der Landesbank.

Bestimmend für die Ausdehnung und die Art der Tätigkeit der Landesbank sind naturgemäß ihre Betriebskapitalien: auch diese zeigen wieder Besonderheiten, die sich aus der engen Verbindung der Landesbank mit der Rheinprovinz und der Provinzialverwaltung ergeben. In drei verschiedene Gruppen zerfallen diese Betriebsmittel: erstens die eigentlichen „Fonds" der Landesbank, sodann die der Landesbank im regulären Bankgeschäft zufließenden und schließlich die von ihr durch Emission von Rheinprovinzanleihescheinen beschafften Kapitalien.

Die Fonds der Landesbank sind ihrer Herkunft nach verschiedener Art; teils sind es Fonds, die ihr „überwiesen" wurden, teils solche, die sie selbst angesammelt hat, also „eigene Fonds." Unter den überwiesenen Fonds steht an erster Stelle der Stammfonds: bei ihrer Gründung war die Provinzialhilfskasse mit 1 200 000 Mk. von der Staatsregierung dotiert worden; bis 1875 war dieses im Eigentum des Staates verbleibende Stammkapital durch einen Teil der Zinsgewinne auf 1 873 600,47 Mk. angewachsen. Durch das Dotationsgesetz von 1875 den Provinzialständen als Eigentum übertragen, ist die in dieser Höhe „gesetzlich überwiesene Summe dauernd als Kapitalbestand zur Gewährung von Darlehen zu gemeinnützigen Zwecken zu erhalten"[1]. Auf Grund eines Beschlusses des 31. Provinziallandtags vom 9. Dezember 1885 wurde diese Summe aus angesammelten Beständen der an die Rheinprovinz gezahlten Dotationsrente um 1 126 399,53 Mk. auf 3 Millionen Mk. vermehrt; in dieser Höhe bildet sie auch heute den Stammfonds der Landesbank. Außerdem wurde 1888 der neubegründeten Landesbank der Rest des bisher bei der Provinzialhilfskasse angelegten Dotationsfonds in Höhe von 2 Millionen Mk. als Reservefonds überwiesen. Insgesamt besitzt die Landesbank der Rheinprovinz also an überwiesenen Fonds 5 000 000 Mk., von denen nach Bestimmung des § 25 des Statuts, soweit es nach Berichtigung sämtlicher Ausgaben möglich ist, jährlich 4% an den Provinziallandtag abzuführen sind.

Aus eigenen Fonds hatte die Provinzialhilfskasse seit 1878 bis zur Gründung der Landesbank aus ihrem Anteil am jährlichen Zinsgewinn sowie aus Kursgewinnen einen Reservefonds von 949 917,79 Mk. angesammelt. Im Jahre 1890/91 gründete die Landesbank einen besonderen Fonds zur Deckung von Kursverlusten, das sogenannte „Agiokonto", und wies diesem die bisher im Reservefonds geführten Kursgewinne von 299 903,54 M. zu. Der eigene Reservefonds wurde dann wieder durch Dotierung mit einem Teil des jährlichen Zinsgewinnes erhöht und belief sich am 31. März 1910 auf 3 678 987,56 Mk. Von diesen eigenen Reserven werden seit 1891/92 eine Million Mk. in der Bilanz mit den überwiesenen Reserven zusammen als Reservefonds A geführt. Der Rest der eigenen Reserven mit 2 678 987,56 M. bildet in der Bilanz den Reservefonds B[2]. Bestimmungsgemäß soll[3] der Reservefonds A „für Schäden nur in ganz außergewöhnlichen Fällen herangezogen werden", während der Fonds B zur Deckung von unvorhergesehenen Bedürfnissen und Verlusten „aus der laufenden Verwaltung" dienen soll. Tatsächlich sind aber, da die Landesbank in ihrem ganzen Geschäftsbetrieb, besonders in der Kreditgewährung größte Vorsicht zeigt, solche Verluste bisher nur in ganz verschwin-

---

[1] Dotationsgesetz 1875, §§ 8 u. 9, Statut § 3.
[2] Vom Rechnungsjahr 1910/11 ab soll nach einem Beschluß des Kuratoriums der Reservefonds A nur in Höhe der „überwiesenen" 2 Mill. Mark als „Provinzial-Reservefonds" weiter geführt werden, während Fonds B als „Landesbank-Reservefonds" die ganzen eigenen Reserven in Höhe von 3,7 Millionen Mark umfassen soll.
[3] Verh. des 37. Pr. Landtags 1892. Stenogr.-Ber. 2. Sitzung 5./12. Landesdirektor Klein.

dendem Maße eingetreten[1], nur im Jahre 1891/92 hatte die Bank den Ausfall der Kosten eines Zwangsversteigerungsverfahrens, 1894/95 einen Kapitalausfall von 47,38 Mk. zu verzeichnen. Auch die wirtschaftliche Bedeutung des Reservefonds B liegt daher weniger in der Bestimmung, der „Versicherung des Landes in sich" zu dienen, wie v. Hattingberg allgemein die Bedeutung der Reservefonds der Landeskreditanstalten charakterisiert[2]. Abgesehen vielmehr von dem Agiokonto, dessen Bedeutung erst später zu besprechen ist, und der vom 1. April 1908 ab geschaffenen Sonderrücklage des Effektenkommissionsgeschäftes in Höhe von 35122,45 Mk., sowie dem Stempelreservefonds für Talonsteuer mit 139 620,36 M. sind die gesamten Reserven der Landesbank — sowohl Fonds A wie Fonds B — als Betriebskapitalien zu betrachten, die sich ihrer Natur nach auch zu einer längeren Ausleihung eignen.

Die zweite Art von Betriebsmitteln, die der Landesbank zu Gebote stehen, sind diejenigen Kapitalien, die ihr aus dem Betrieb des regulären Bankgeschäftes zufließen. Von solchen Passivgeschäften betreibt die Landesbank das Depositen- und das passive Kontokorrentgeschäft. Durch das Depositengeschäft werden der Landesbank ziemlich erhebliche Summen zugeführt: nach der letzten Bilanz der Hilfskasse für das Jahr 1887/88 beliefen sich die Depositen auf 13 851 581,59 Mk., nach der Bilanz 1909/10 auf 26 083 443,23 Mk. Charakteristisch für dieses Depositengeschäft ist, daß diese Depositen zum weitaus größten Teile solche der Provinzialverwaltung und der ihr gehörigen oder von ihr verwalteten Anstalten sind, am 31. März 1910 von 26 Millionen Mark mehr als 24 Millionen. Unter diesen haben wieder eine besondere Bedeutung diejenigen Depositen der Provinzialfeuerversicherungsanstalt, die aus dem Reservefonds dieser Anstalt und ihrem Ausgleichsfonds bestehen, Ende März 1910 etwa 15,1 Millionen Mk. Über die Anlegung der ersten Gruppe von Depositen, deren Hinterleger Privatpersonen, Stiftungen, oder Kirchen, Sparkassen, Kommunen usw. sind, bestimmt § 6, Abs. III. des Statuts: sie müssen in bar, in mündelsicheren Wertpapieren, als Depositen bei der Reichsbank oder anderen Banken oder als Darlehen, die mit dreimonatlicher Frist kündbar sind, angelegt werden. Für die übrigen Depositen, d. h. also für die den weitaus größten Teil der gesamten Summe bildenden Provinzialdepositen, besteht keine statutarische Bestimmung über die Art der Anlage. Soweit es sich bei ihnen um Depositen des Zentralfonds oder solche aus laufenden Beständen der Provinzialfeuerversicherungsanstalt handelt, unterliegen sie in ihrer Höhe starken Schwankungen und eignen sich daher

---

[1] Verw.-Ber. 1891/92 u. 94/95.
[2] v. Hattingberg, Referat Bd. II. S. 99.

ebenfalls nicht zu langen Ausleihungen, sondern kommen nur zu kurzfristigen Kreditgeschäften, Lombardierungen, Ankauf von Diskonten in Betracht. Immerhin ist es aber bei diesen Depositen für die Liquidität der Bank sehr wichtig, daß die Landesbankverwaltung durch ihre Verbindung mit den übrigen Behörden der Provinzialverwaltung das Schwanken der Höhe dieser Depositen wenigstens ungefähr vorauszusehen und dementsprechende Maßnahmen zu treffen vermag. Die dritte Gruppe von Depositen, diejenigen aus dem Reserve- und Ausgleichsfonds der Provinzialfeuerversicherungsanstalt, sind bei der Landesbank in der ausschlaggebenden Erwägung angelegt, eine Konkurrenz zwischen beiden Instituten bei der Beleihung von Grundstücken möglichst zu vermeiden. Da keine Gefahr besteht, daß diese Fonds selbst in anormalen Zeiten stark in Anspruch genommen werden, so sind sie zwar ohne rechtlich bestimmt festgelegte Kündigungsfrist, aber in der Voraussetzung, daß möglichst eine solche von 3—6 Monaten eingehalten werde, hinterlegt; sie werden auch von der Landesbank ebenso hoch wie Depositen mit gleicher Kündigungsfrist verzinst.

Auch durch das Kontokorrentgeschäft werden der Landesbank recht bedeutende Kapitalien zugeführt, am 31. März 1910 weist die Bilanz an Kontokorrentguthaben 10 197 222,60 Mk. auf; aber auch diese Summen kommen nur wenig als eigentliche Betriebskapitalien in Betracht. Das Kontokorrentgeschäft, das die Landesbank führt, dient in erster Linie (seit 1891/92) dem Geschäftsverkehr mit Sparkassen sowie mit anderen öffentlichen Kassen der Rheinprovinz, daneben auch dem Verkehr mit Privaten, — soweit sie sonst als Darlehensschuldner mit der Landesbank in Beziehung stehen, — um ihnen die Anlage verfügbarer Gelder, Erntegewinne usw. bis zum Zinstermin zu ermöglichen. Gerade die Sparkassen, deren Guthaben den größten Teil der ganzen Kontokorrentguthaben der Landesbank ausmachen, nehmen aber andererseits sehr vielfach und in beträchtlicher Höhe im Kontokorrentverkehr kurzfristige Vorschüsse von der Landesbank[1], sodaß schon hierdurch oft der größte Teil der Kontokorrentguthaben in Anspruch genommen wird; am 31. März 1909 z. B. standen den Kontokorrentguthaben in Höhe von 9 737 725,92 Mk. auf der anderen Seite der Bilanz kurzfristige Vorschüsse, in erster Linie an Sparkassen und andere öffentliche Kassen und Korporationen, mit fast der gleichen Summe von 9 412 371,66 Mk. gegenüber. Zu langfristigen Kreditgewährungen eignen sich daher diese Kapitalien, die der Landesbank im Kontokorrentverkehr zugeführt werden, nicht.

---

[1] Siehe hierzu S. 42.

Tabelle I.
Übersicht über die Emission der Rheinprovinz-Anleihe-

1	2	3	4
Ausgabe der Anleihescheine	Datum der Anleihescheine	Zinsfuß	Betrag ℳ
3.	1. Juni 1880	3½% conv.	3 000 000
4.	1. Juli 1883	3½% „	5 000 000
5.	1. Januar 1886	3½% „	10 000 000
6.	1. April 1887	3½%	10 000 000
7.	1. April 1887	3½%	10 000 000
8.	1. Juni 1890	3½%	10 000 000
9.	1. Juni 1890	3%	10 000 000
10.	15. November 1892	3½%	10 000 000
11.	1. Oktober 1893	3% „	10 000 000
12.	1. Dezember 1893	3½%	10 000 000
13.	1. Dezember 1893	3½%	10 000 000
14.	15. März 1894	3½%	10 000 000
14.	15. März 1894	3% „	10 000 000
15.	15. März 1894	3½%	10 000 000
16.	15. August 1896	3½%	20 000 000
17.	1. November 1897	3½%	10 000 000
18.	25. Juni 1898	3⅓%	15 000 000
19.	1. Juli 1898	3½%	20 000 000
20.	15. Juli 1900	4%	20 000 000
21.	2. Januar 1900	4%	10 000 000
22.	15. Mai 1901	3¾%	15 000 000
23.	1. November 1901	3¾%	15 000 000
24.	1. November 1901	3½%	10 000 000
25.	15. Juli 1902	3½%	20 000 000
26.	2. Januar 1903	3½%	30 000 000
27.	15. November 1903	3½%	30 000 000
28.	20. Oktober 1904	3½%	30 000 000
29.	15. Mai 1905	3½%	30 000 000
30.	9. April 1906	3⁶⁄₁₀%	30 000 000
31.	23. April 1907	4%	30 000 000
32.	17. Dezember 1907	4%	30 000 000
33.	27. Oktober 1908	4%	30 000 000
34.	14. Dezember 1909	4%	30 000 000
		Summe	553 000 000

Die Betriebsmittel, die der Landesbank aus ihren eigenen Fonds sowie aus ihren regulären Bankgeschäften zur Verfügung stehen, treten an Bedeutung für die Tätigkeit der Landesbank weit zurück hinter denjenigen Kapitalien, die sie sich durch Ausgabe von Rheinprovinzanleihescheinen verschafft. Die Bilanz vom 31. März 1910 weist etwas mehr als 478 Millionen Mark[1] an solchen im Umlauf befindlichen Rheinprovinzobligationen gegenüber etwa 46 Millionen sonstiger

---
[1] Siehe Tabelle I.

Tabelle I.
scheine am Schlusse des Rechnungsjahres 1909.

5	6	7	8		9
Davon (Spalte 4) sind bis Ende 1909 begeben. (Sämtliche zum ersten Male verkauften Anleihescheine) ℳ	Mithin noch nicht begeben ℳ	Es waren bis Ende 1909 planmäßig zu tilgen ℳ	Davon sind		Am Schlusse des Jahres waren somit in Umlauf (Spalte 5 minus 8a) ℳ
			a) getilgt ℳ	b) noch einzulösen ℳ	
3 000 000	—	1 411 000	1 408 500	2 500	1 591 500
5 000 000	—	1 461 500	1 461 000	500	3 539 000
10 000 000	—	3 233 000	3 232 000	1 000	6 768 000
10 000 000	—	3 027 000	3 027 000	—	6 973 000
10 000 000	—	2 636 000	2 633 500	2 500	7 366 500
10 000 000	—	1 225 000	1 225 000	—	8 775 000
10 000 000	—	1 170 000	1 170 000	—	8 830 000
10 000 000	—	964 700	964 700	—	9 035 300
10 000 000	—	1 419 000	1 419 000	—	8 581 000
10 000 000	—	965 000	965 000	—	9 035 000
10 000 000	—	884 000	884 000	—	9 116 000
10 000 000	—	884 000	884 000	—	9 116 000
10 000 000	—	781 000	781 000	—	9 219 000
10 000 000	—	730 000	730 000	—	9 270 000
20 000 000	—	1 460 500	1 460 500	—	18 539 500
10 000 000	—	657 500	657 500	—	9 342 500
15 000 000	—	873 000	873 000	—	14 127 000
20 000 000	—	156 500	156 500	—	19 843 500
20 000 000	—	921 000	918 000	3 000	19 082 000
10 000 000	—	459 500	459 500	—	9 540 500
15 000 000	—	588 000	588 000	—	14 412 000
15 000 000	—	494 400	494 400	—	14 505 600
10 000 000	—	328 000	328 000	—	9 672 000
20 000 000	—	655 500	655 500	—	19 344 500
30 000 000	—	805 500	805 500	—	29 194 500
30 000 000	—	633 000	633 000	—	29 367 000
30 000 000	—	—	—	—	30 000 000
30 000 000	—	466 500	466 500	—	29 533 500
26 544 000	3 456 000	306 000	306 000	—	26 238 000
30 000 000	—	150 000	146 800	3 200	29 853 200
30 000 000	—	—	—	—	30 000 000
30 000 000	—	—	—	—	30 000 000
5 599 700	24 400 300	—	—	—	5 599 700
525 143 700	27 856 300	29 746 100	29 733 400	12 700	495 410 300 [1]

Betriebsmittel auf. Diese Ausgabe von Obligationen zur Beschaffung von Kapitalien zur Gewährung von Korporations- und Hypothekardarlehen gibt der Landesbank, im Gegensatz zur Rheinischen Provinzialhilfskasse bis zum Jahre 1880, den Charakter eines bankmäßigen, „vollkommen organisierten" [2] Bodenkreditinstituts. Denn der Betrieb des Hypothekar- und

---

[1] Einschließlich 17 305 100 Mk. zurückgekaufter im Besitz der Landesbank befindlicher Rheinprovinzanleihescheine.
[2] Buchenberger, Agrarwesen und Agrarpolitik.

Korporationskredits ist nur dann „ein bankmäßiger, wenn diejenigen Kapitalien oder wenigstens ein Teil der Kapitalien, welche in dem Bodenkredit" — und entsprechend Korporationskredit — „festgelegt sind, jeweilig durch die Ausgabe von Schuldverschreibungen wieder flüssig gemacht werden"[1].

Es besteht aber bei dieser Kapitalbeschaffung durch Obligationenausgabe seitens der Landesbank ein Unterschied gegenüber der Obligationenausgabe fast aller sonstigen Landeskreditkassen. Diese geben fast sämtlich eigene Schuldverschreibungen oder Pfandbriefe aus; der Staat oder Kommunalverband haftet nur indirekt für die Obligationen dadurch, daß er für die betr. Landeskreditanstalt und ihre Verbindlichkeiten garantiert. Im Gegensatz hierzu gibt die Landesbank der Rheinprovinz — und ebenso die nach ihrem Vorbild gegründete Landesbank der Provinz Westfalen sowie früher ähnlich die Landeskreditkasse für das Großherzogtum Hessen[2] — keine eigenen Schuldverschreibungen der Landesbank aus, sondern „Anleihescheine der Rheinprovinz", d. h. Schuldverschreibungen, für die direkt der Kommunalverband der Rheinprovinz haftet. Die Summe dieser, von der Landesbank auszugebenden Rheinprovinzobligationen ist derartig begrenzt[3], daß sie „die Summe der von der Landesbank ausgegebenen, statutmäßig sicher gestellten und jeweilig noch nicht amortisierten Darlehen" nicht übersteigen darf. Da „die Provinz ... ohnehin die Haftbarkeit für die Verbindlichkeiten des Instituts übernommen hat"[4], da anderseits auch die sonstigen Bodenkreditinstitute im allgemeinen keine besondere Sicherung ihrer Pfandbriefe durch spezielle hypothekarische Verpfändung — wie bei den alten Pfandbriefen der Landschaften — kennen, sondern ebenfalls nur verpflichtet sind, nicht mehr Pfandbriefe auszugeben, als satzungsgemäß gewährte Darlehen vorhanden sind, so ist die Ausgabe von Obligationen nicht des eigenen Instituts, sondern der haftenden Provinz nur als ein lediglich formeller Unterschied zu betrachten; für die haftende Rheinprovinz wie für die Inhaber der Anleihescheine ist er ohne tatsächliche Bedeutung.

Die Bestimmungen des rheinischen Immobiliarrechtes waren der Grund für diese Besonderheit. Im Jahre 1880, wo zum ersten Mal die Ausgabe von Rheinprovinzobligationen zur Verstärkung der Betriebsmittel der Landesbank erfolgte, gestatteten die in der Rheinprovinz geltenden Gesetze die

---

[1] Hecht, Art. Bodenkreditinstitute im Handwörterbuch. 3. Band, III. Aufl. 1908.
[2] Seit Gründung der Hessischen Landes-Hypothekenbank A.-G. 1902 hat sie den Charakter als Bodenkreditinstitut verloren.
[3] Anleihe-Regul. § 1.
[4] Hecht, Der Eur. Bodenkredit Bd. I. S. 168.

Ausgabe von Pfandbriefen mit spezieller dinglicher Sicherheit nicht; eine solche primitive Form der Pfandbriefe schien auch an sich höchst untunlich. Aber auch die Ausgabe von Landesbankpfandbriefen, für die mit dem ganzen Vermögen der Bank auch ihre Darlehensforderungen hafteten, schien nicht ratsam; es war zu befürchten, daß trotz der subsidiären Garantie der Provinz die Rücksicht auf die primäre Haftung der vielfach unsicher erscheinenden Hypothekenforderungen den Kurs der Papiere drücken werde. So wählte man, um die Provinzialgarantie mehr hervortreten zu lassen, als Notbehelf die Ausgabe von Rheinprovinzanleihescheinen, von denen schon vorher zwei Emissionen erfolgt waren, die anderen Zwecken — der Beschaffung von Mitteln zur Reorganisation der Provinzialirrenpflege — dienten. Ein Vorteil für die Verwaltung der Landesbank wie für die Kursgestaltung war dabei, daß so auf Grund der Darlehen an Korporationen und Kommunen — auch der an die Provinz selbst gewährten — wie der Hypothekardarlehen ein einheitliches Papier begeben werden konnte. Ein Nachteil war es anderseits, daß zu jeder Emission von Rheinprovinzobligationen eine besondere Genehmigung der Staatsregierung nachzusuchen war. Denn diese Abhängigkeit mußte die Geschäftstätigkeit der Landesbank sehr hemmen, sie führte häufiger zu „großen Unzuträglichkeiten und finanziellen Einbußen"[1], da ein Anschmiegen an die oft schnell wechselnde Lage des Geldmarktes wegen der Umständlichkeiten, mit denen die jedesmalige Erteilung des Privilegs verbunden war, oft unmöglich war. Bestrebungen der Provinzialverwaltung, für die Landesbank der Rheinprovinz ein allgemeines Privileg zur Emission von Anleihescheinen zu erhalten[2], wie die drei anderen, damals in Preußen bestehenden Landeskreditanstalten in Hannover, Kassel und Wiesbaden es besaßen, blieben lange Zeit erfolglos. Die Regierung verhielt sich ablehnend, „da Bedenken prinzipieller Art entgegen ständen"[3]; der Hauptgrund für sie war wohl, daß sie sich so einen größeren Einfluß auf die Verwaltung der Landesbank zu sichern glaubte. Die Schwierigkeiten, die sich aus der Notwendigkeit eines jedesmaligen besonderen Emissionsprivilegs für die Landesbank ergaben, wurden bald noch dadurch vermehrt, daß die Pfandbriefe der beiden 1894 gegründeten, rheinischen Hypothekenbanken — der „Westdeutschen Bodenkreditanstalt" und der „Rheinisch-Westfälischen Bodenkreditbank", beide in Köln — schon nach kurzer Zeit den von

---

[1] Lohe, Die Landesbank. S. 37/38.
[2] Verh. des 37. Pr. Landtags. Prot. Sitz. 15./12. 1892.
[3] Verh. des 39. Pr. Landtags. Stenogr. Ber. Sitzg. 29./4. 1895 und Anlage: Bericht des Pr. Ausschusses, betr. die Ausgabe weiterer 20 Mill. Rh. Pr. Anleihescheine.

der Landesbank emittierten Rheinprovinzobligationen auf dem Anlagemarkt starke Konkurrenz machten; eine Konkurrenz, die dadurch für die Landesbank besonders fühlbar wurde, daß „alle größeren Bankhäuser der Provinz mit einer der beiden in der Rheinprovinz neu gegründeten Pfandbriefbanken enge verbunden sind und auf deren Mitwirkung bei Plazierung der Rheinprovinzanleihescheine seit Gründung jener Institute nicht mehr gerechnet werden kann"[1]. Das bestimmte die Provinzialverwaltung zunächst, der Frage näherzutreten, ob man nicht das Hypothekargeschäft der Landesbank den Preußischen Normativbestimmungen für Hypothekenbanken anpassen solle, damit die Landesbank für dieses wie andere Grundkreditinstitute Pfandbriefe auf Grund allgemeiner Ermächtigung ausgeben könne. Während dieser Plan aber aufgegeben werden mußte, weil die Ausgabe von besonderen Landesbankpfandbriefen neben den Rheinprovinzanleihescheinen untunlich erschien, gelang es schließlich nach vielen Bemühungen der Provinzialverwaltung, von der Regierung das allgemeine Privileg zur Ausgabe von Rheinprovinzanleihescheinen bis zum Betrage der von der Landesbank statutgemäß ausgegebenen Darlehen zu erwirken; es wurde durch Kabinettsordre vom 20. Mai 1898 zunächst auf zehn Jahre erteilt, durch Erlaß vom 25. August 1907 auf weitere zehn Jahre verlängert.

Durch dieses Privileg erhält die Rheinprovinz die Befugnis, zur Verstärkung der Betriebsmittel der Landesbank durch deren Vermittlung Anleihescheine auszugeben bis zur Gesamtsumme der statutgemäß gewährten Darlehen. „Zur Sicherung der Kontrolle" hat die Landesbank alljährlich der Staatsregierung eine Nachweisung einzureichen über die auf Grund des Regulativs ausgegebenen Anleihescheine und über den noch nicht amortisierten Gesamtbetrag der ausgegebenen Darlehen. Im übrigen ist der Landesbank bei der Emission von Rheinprovinzanleihescheinen völlig freie Hand gelassen; dem Provinzialausschuß als dem Beschlußorgan der Provinzialverwaltung liegt die Festsetzung des Betrages der aufzunehmenden Anleihen, wie ihres Zinsfußes und der einzelnen Bedingungen ob. Im Gegensatz zu den Landschaften, den Hypothekenbanken und manchen Landeskreditkassen, die allgemein oder wenigstens bei ausdrücklicher Zustimmung der Darlehensnehmer die Darlehen nicht in Geld, sondern in Pfandbriefen auszahlen, gibt die Landesbank ihre Darlehen an Korporationen und an Private nur in Geld. Tritt somit auch eine strengere Scheidung zwischen Aktiv- und Passivtätigkeit der Landesbank ein, zwischen ihrem Darlehens- und ihrem Emissionsgeschäft, so muß natürlich doch mit

---

[1] Verh. des 40. Pr. Landtags 1897. Anlage 16.

Rücksicht auf die Liquidität der Bank die Art des Kredits, den sie durch die Obligationenausgabe in Anspruch nimmt, maßgebend sein für die Art des von ihr gewährten Kredits; anderseits muß jener sich aus volkswirtschaftlichen Gründen innerhalb der durch Sicherheit und Liquidität vorgeschriebenen Grenzen möglichst an diesen anpassen. So ist es Aufgabe der Landesbank bei ihrer Emissionspolitik, den richtigen Mittelweg zu finden, auf dem sie möglichst beiden Anforderungen, denen der Darlehensnehmer wie denen des anlagesuchenden Publikums, zu entsprechen vermag.

Ein Haupterfordernis für die Gewährung von Hypothekar- und Korporationskredit ist, wie sich später ergeben wird, seine Unkündbarkeit seitens des Kreditgebers; dieser Unkündbarkeit der Darlehen muß nach dem banktechnischen Grundsatz der Konformität des gewährten und des erhaltenen Kredits die Unkündbarkeit der auf Grund der Darlehen ausgegebenen Obligationen seitens der Inhaber entsprechen; auch die Rheinprovinzanleihescheine sind daher für die Gläubiger unkündbar. Das Bedenken, das früher unter Betonung des großen Interesses gerade ländlicher Schuldner an der Billigkeit des Hypothekarkredits oft geltend gemacht wurde[1], für den Inhaber unkündbare Anleihescheine seien wegen der Unvermeidlichkeit von Kursschwankungen und der Möglichkeit von Kursverlusten beim Publikum weniger beliebt und ständen daher schlechter im Kurs als für den Inhaber kündbare Papiere, ist heute bedeutungslos geworden. Hat doch die Entwicklung unseres Bank- und Börsenwesens dahin geführt, daß die fehlende Kündbarkeit solcher Obligationen für den Inhaber durch ihre jederzeitige Verkäuflichkeit völlig ersetzt wird; auch ist unser ganzes Anleihewesen heute derart auf den Verkehr mit solchen unkündbaren Papieren zugeschnitten, daß die Ausgabe größerer Summen kündbarer Papiere direkt Schwierigkeiten machen und unbeliebter sein würde. Auch die hannoversche Landes-Kreditanstalt, wohl das einzige Bodenkreditinstitut, das bis zur jüngsten Zeit kündbare Obligationen, und zwar auf Grund unkündbarer Darlehen, ausgab — „theoretisch eigentlich ein ganz unhaltbarer Zustand"[2] —, mußte seit 1904[3] diese nur aus besonderen historischen Gründen zu erklärende Praxis aufgeben.

Sind somit die Rheinprovinzanleihescheine für die Inhaber stets unkündbar, so bleibt anderseits der Rheinprovinz als der Schuldnerin der Obligationen im allgemeinen

---
[1] Troch, S. 24 u. ff., Hecht, Organisation Abt. I. Bd. 1. S. 636.
[2] So Miquel am 15./7. 1895 bei einer Beratung über Reformen des ländlichen Realkredits in Hannover, Hessen-Nassau und Schleswig-Holstein.
[3] Gesetz vom 15. Juni 1904. § 2.

ein jederzeitiges, durch den Provinzialausschuß und die Landesbank auszuübendes Kündigungsrecht bis zum vollen Betrag der Anleihen. Dieses Recht ist deswegen für die Landesbank erforderlich, weil sie nur so unter allen Umständen, auch bei eventuell abnehmendem Darlehensbestande, dafür sorgen kann, daß die in Umlauf befindlichen Obligationen jederzeit in ihrem vollen Betrage durch satzungsgemäß gewährte Darlehen gedeckt sind. Sodann bietet das Kündigungsrecht der Bank den Vorteil, daß sie dadurch imstande ist, ein stärkeres und andauerndes Sinken des Zinsfußes fest verzinslicher Werte sich durch Konversion höher zu verzinsender Anleihen zunutze zu machen, ein Vorteil, von dem die Landesbank auch im Jahre 1897 durch Konversion der Serien III und IV von 4 auf $3^1/_2\%$ wirklich Gebrauch machen konnte.

Freilich hat die jederzeitige Kündbarkeit der Rheinprovinzanleihescheine auch einen Nachteil: sie wirkt kursdrückend. Papiere, deren Inhaber jederzeit, auch schon in den ersten Jahren nach der Emission, der Möglichkeit einer Kündigung und damit den Umständlichkeiten und Kosten einer neuen Kapitalanlage ausgesetzt sind, und die erst recht für den Fall, daß das Papier im Kurse irgendwie bedeutend über pari steht, mit einer solchen Kündigung oder Konversion zu rechnen haben, sind bei dem für sie in Betracht kommenden Publikum, das feste Anlagen für seine Kapitalien sucht, weniger beliebt als ganz oder wenigstens für längere Zeit unkündbare Papiere. Die Konkurrenz solcher Papiere machte sich daher für die Landesbank in unangenehmer Weise fühlbar; vor allem waren es die Pfandbriefe der beiden rheinischen Hypothekenbanken, die auf Grund der ihnen nach § 2 der Preußischen Normativbestimmungen zustehenden Befugnis, „auf das Recht der Kündigung ihrer Pfandbriefe insoweit zu verzichten, als ihnen gegenüber die Kündbarkeit der zur Unterlage dienenden Hypotheken und Grundschuldforderungen ausgeschlossen ist", allgemein auf zehn Jahre unkündbar ausgegeben wurden. Bemühungen der Provinzialverwaltung, auch für ihre Anleihescheine das gleiche Recht zu erhalten, entsprechend ließ die Regierung in dem Anleiheregulativ vom 20. Mai 1898 die Abmachung einer zehnjährigen Unkündbarkeit für die Rheinprovinzanleihescheine zu, allerdings nur in beschränktem Maße. „Zum Zweck der besonderen Förderung des von der Landesbank betriebenen Grundkreditgeschäftes"[1] erhält die Rheinprovinz das Recht, einen Teil der auszugebenden Anleihescheine „auszusondern, für welchen die Provinz auf das ihr zustehende Kündigungsrecht für die Dauer von zehn Jahren Verzicht leisten darf". Der Gesamtbetrag solcher Anleihescheine muß, damit Aktiv-

---

[1] Anleiheregulativ § 2.

und Passivkredit der Bank übereinstimmen, durch in gleicher Weise mit zehnjähriger Unkündbarkeit gewährte, hypothekarische Darlehen gedeckt sein. Diese den Vorschlägen der Provinzialverwaltung entgegen eingefügte Beschränkung der eventuellen zehnjährigen Unkündbarkeit auf hypothekarische Darlehen soll nach der Absicht der Staatsregierung die aus der Unkündbarkeit der Anleihescheine sich ergebende Verbilligung der Darlehen den Grundbesitzern, insbesondere — der Aufgabe der Landesbank entsprechend — den Landwirten sichern. Ob nicht eine zehnjährige Unkündbarkeit für den Hypothekarschuldner eventuell einen Nachteil bedeutet, der diesen Vorteil der billigeren Kapitalbeschaffung wieder aufhebt, ist später zu untersuchen. Für die Emissionstätigkeit der Landesbank war die Maßregel jedenfalls von Erfolg; jedesmal, wo die Landesbank von diesem Recht Gebrauch machte, 1898 und 1904, gelang es ihr dadurch, in einer Zeit der Geldknappheit, wo sonst nur höher verzinsliche Papiere zu pari zu emittieren waren, $3^{1}/_{2}\%$ige Obligationen mit keinem oder mit verhältnismäßig recht geringem Disagio auf dem Markt unterzubringen.

Außer dem Kündigungsrecht hat die Landesbank nach dem Anleiheregulativ sogar die Pflicht, die Anleihen regelmäßig zu tilgen, entweder „durch Einlösung auszulosender Anleihescheine oder durch Ankauf von Anleihescheinen"[1]. Der Mindestsatz der Tilgung muß jährlich „einhalb vom Hundert der ausgegebenen Anleihescheine" betragen, außerdem sind die Zinsen der getilgten Anleihescheine zur Tilgung zu verwenden. Diese Tilgungsvorschriften entsprechen im allgemeinen den Grundsätzen für die Aufnahme von Anleihen durch preußische Kommunen und Kommunalverbände; sie werden von der Regierung trotz mancher Bemühungen der Provinzialverwaltung um ihre Abschaffung als unbedingt erforderlich festgehalten, anscheinend in der Erwägung, daß ein solcher Tilgungszwang wie bei allen sonstigen Kommunalanleihen so auch bei den Rheinprovinzanleihen erforderlich sei. Die Gleichstellung mit regelrechten Kommunalanleihen ist aber nicht berechtigt; bei diesen handelt es sich um wirkliche ungedeckte Schulden der betreffenden Kommune oder des Kommunalverbandes, für die ein solcher allgemeiner Tilgungszwang wohl erforderlich sein mag. Die Rheinprovinzanleihen hingegen stellen rechtlich zwar auch Verpflichtungen des Provinzialverbandes der Rheinprovinz dar, sie sind wirtschaftlich aber durchaus nicht ungedeckten Schulden der Provinz gleichzustellen; ihnen stehen ja die gesamten von der Landesbank ausgegebenen Darlehen als Gegenwerte gegenüber, zu deren bankmäßiger Mobilisierung sie nur dienen.

---

[1] Anleiheregulativ § 7, Abs. I.

Für die einzelnen Darlehen, mögen sie nun an Private oder Korporationen und Kommunen, wie auch an die Rheinprovinz selbst, gewährt sein, ist ein solcher Tilgungszwang zu rechtfertigen; für die Rheinprovinzobligationen, die doch tatsächlich ganz den Hypothekenpfandbriefen und Kommunalobligationen der Hypothekenbanken gleichstehen, für die indessen kein gesetzlicher Tilgungszwang besteht, ist der Tilgungszwang völlig zwecklos und sogar schädlich. Zwecklos insofern, als er auch bei eventuell abnehmendem Darlehensbestand eine Übereinstimmung zwischen ausgegebenen Obligationen und gewährten Darlehen nicht zu erreichen vermag, eine solche aber schon durch das Kündigungsrecht der Bank und die Kontrolle der Regierung genügend gesichert ist; direkt schädlich dadurch, daß er bei zunehmendem Darlehensbestand der Landesbank ihre Tätigkeit wesentlich verteuert.

Eine solche Verteuerung kann der Tilgungszwang in mehrfacher Hinsicht hervorrufen: er führt bei zunehmendem Darlehensbestand dazu, daß die Landesbank, was sie auf der einen Seite an älteren Emissionen tilgt, auf der anderen an neuen Anleihen wieder aufnehmen muß. Das bedeutet zunächst schon einen recht großen Verlust an Kosten für Druck, Stempel, Emission und Provision. Dazu wird vielfach der Nachteil kommen, daß die Landesbank statt niedrig verzinslicher, eingelöster Anleihescheine dem augenblicklichen Geldstand entsprechend höher verzinsliche ausgeben muß, also auch dauernd mit einem erhöhten Zinsendienst belastet wird, während sie die Zinsen der früher gewährten, für sie unkündbaren Darlehen nicht entsprechend heraufsetzen kann. Außerdem wird die Bank oft die zu tilgenden Obligationen, soweit sie diese nicht unter der Hand zum Tageskurse ankaufen kann, zum vollen Nennwerte einlösen müssen, während sie die neuen Anleihescheine unter Umständen selbst bei höherem Zinsfuß nur unter pari emittieren kann, also eventuell sogar einen direkten Agioverlust zu tragen hat.

Schließlich wirkt der Tilgungszwang auch noch dadurch verteuernd auf die Tätigkeit der Landesbank ein, daß er die ungünstige Wirkung, welche die notwendige Kündbarkeit der Rheinprovinzobligationen auf ihren Kurs ausübt, noch vermehrt. Denn eine solche Tilgung, mag sie nun vom ersten Jahre nach der Emission der Anleihe ab oder bei Obligationen mit zehnjähriger Unkündbarkeit erst nach zehn Jahren in verstärktem Maße[1] erfolgen, vermehrt natürlich sehr die Möglichkeit für den Inhaber, schon nach kurzer Zeit zu einer unbequemen und stets kostspieligen Neuanlage seines Kapitals gezwungen zu werden. Besonders infolge

---

[1] S. Anleiheregulativ § 7, Abs. II.

der Konkurrenz ähnlicher Papiere ohne Tilgungszwang, wie vor allem der Pfandbriefe der beiden rheinischen Hypothekenbanken, hat es sich daher, wie der Provinzialausschuß einmal betonte[1], „gerade bei den Rheinprovinzanleihescheinen gezeigt, daß das Publikum vielfach durch die stets drohende Auslosung von dem Ankauf derselben abgeschreckt wird". Nur zum Teil mag diese Unbeliebtheit durch den aleatorischen Anreiz aufgehoben werden, den der Tilgungszwang unter pari stehenden Papieren durch die Möglichkeit, bald zu pari ausgelost zu werden, verleiht.

Trotz dieser ungünstigen Wirkungen des Tilgungszwanges, die nur zu einer Verteuerung der so wichtigen Darlehenstätigkeit der Landesbank führen, und trotz seiner Zwecklosigkeit hält die Regierung an ihm unbedingt fest; vielleicht, daß das finanzielle Interesse an den recht hohen Stempeleinnahmen sie dazu bestimmt: mehrfache Bemühungen der Provinzialverwaltung und der Landesbankdirektion — besonders aus dem Jahre 1897 —, von der Regierung die Erlaubnis zu erhalten, daß bei künftigen Ausgaben der Rheinprovinzanleihescheine wenigstens „die Verpflichtung zur Tilgung derselben solange und insoweit in Wegfall kommt, als sie durch die aus deren Erlös ausgegebenen Darlehen der Landesbank gedeckt sind"[2], blieben erfolglos. Daher sucht die Landesbank diesen Mißstand, soweit er nur auf den aus der Auslosung sich ergebenden Umständlichkeiten beruht, „dadurch zu mildern, daß sie jedem ihr bekannten Inhaber von Rheinprovinzanleihescheinen von der Auslosung brieflich benachrichtigt und bei der Einlösung der ausgelosten Stücke andere zu billigstem Kurse anbietet"[3]; eine Maßnahme, durch die freilich die Bedenken des Publikums gegenüber den auslosbaren Rheinprovinzanleihescheinen „nur abgeschwächt, keineswegs aber beseitigt" werden.

Von wesentlichem Einfluß auf die Billigkeit der durch Obligationenausgabe beschafften Kapitalien und damit auf ihre wirtschaftliche Bedeutung im Darlehensgeschäft der Landesbank ist schließlich neben den allgemeinen Modalitäten der Anleihen die Art ihrer Emission. Die Landesbank kennt bei ihrer Darlehensgewährung weder das reine noch das gemischte „Pfandbriefsystem"; sie gibt — wie schon erwähnt wurde — nur Darlehen in barem Geld; von dieser Darlehensgewährung ist die Beschaffung des erforderlichen Kapitals durch Anleiheemission ganz getrennt. Das ist von besonderer Bedeutung für die Frage der Deckung des Disagios, das sich vielfach bei der Ausgabe der Obligationen ergibt, und der

---

[1] Verh. des 40. Pr. Landtags 1897, Anlage 16.
[2] Lohe, S. 38.
[3] Verh. des 40. Pr. Landtags 1897, Anlage 16.

sonstigen Emissionsspesen. Beim reinen Pfandbriefsystem fällt dem Darlehensnehmer der Verkauf der Pfandbriefe zur Last, die ihm als Darlehen gewährt wurden; unter Umständen besorgt die betreffende Bank oder Landschaft den Verkauf für seine Rechnung. Es trifft also ein eventuelles Disagio ganz den Darlehensnehmer, dem die Tragung desselben gewöhnlich durch ein besonderes Zuschußdarlehen erleichtert wird. Anders bei dem System der Bardarlehen der Landesbank: ein Disagio trifft hier zunächst die Bank, wie ihr auch eventuelle Agiogewinne — sei es bei Begebung neuer Obligationen über pari oder bei Ankauf einzulösender Obligationen unter pari — zufließen. Die Differenz zwischen diesen Agiogewinnen und Verlusten sowie die sonstigen Emissionskosten fallen zunächst der Landesbank zu und werden von dieser wenigstens zum Teil auf die Darlehensnehmer abgewälzt. Zu diesem Zweck hat die Landesbank im Jahre 1890/91 einen besonderen Fonds, das sog.: „Agiokonto" eingerichtet. Dieses Konto wird jährlich belastet mit dem je nach dem Kursstande schwankenden Disagio bei der Emission von Rheinprovinzanleihescheinen sowie mit den sonstigen Unkosten der Anleihen, nämlich den Druck-, Emissions-, Stempel- und Insertionskosten und den Provisionen. Auf der anderen Seite werden dem Agiokonto die jährlichen Kursgewinne, kleine Nebeneinnahmen, in manchen Jahren auch ein Teil des von der Landesbank gemachten Zinsgewinnes zugeführt; außerdem fließen dem Fonds die Disagiobeiträge zu, mit denen im allgemeinen mit Ausnahme besonderer Kategorien die Darlehensnehmer belastet werden und die sie entweder durch sofortige Zahlung oder Kürzung des Darlehens oder dadurch zu entrichten haben, daß die ersten Tilgungsquoten ihrer Annuitäten, statt zur Tilgung verwandt zu werden, dem Agiokonto gutgeschrieben werden.

Die Art der Unterbringung der von der Landesbank emittierten Rheinprovinzanleihen auf dem Kapitalmarkte ist ganz darauf zugeschnitten, möglichst ein Publikum, das sichere und dauernde Anlagen sucht, für die Obligationen zu gewinnen. Die Anleihen werden nicht en bloc im Submissionswege oder im Subskriptionsverfahren vergeben, sondern die Landesbank gibt sie, wie auch die Hypothekenbanken dies tun, nach dem französischen Begebungssystem je nach Bedarf teils direkt teils durch ihre Bankverbindungen an das Anlagen suchende Publikum ab. Direkte Abnehmer von Rheinprovinzobligationen sind vor allem die sonstigen Kunden der Landesbank; besonders viele Sparkassen, sonstige öffentliche Kassen, Stiftungen und Mündelgeldverwaltungen in der Provinz, die einen Teil ihrer Gelder in den mündelsicheren Rheinprovinzanleihen anlegen und die Obligationen von der Landesbank, abgesehen von eventuellen Portoauslagen und dem Schlußscheinstempel, ohne Gebühren erhalten. Im übrigen erfolgt der Absatz der Obligationen durch Vermittlung der Banken; zu diesem Zwecke hat die Landesbank in ganz Deutschland wie auch im Auslande Verbindungen mit Bankiers und Bankhäusern, die für sie gewissermaßen „ein Netz von Vermittlungs- und Zahlstellen"[1] bilden. Sie besorgen den Absatz der Anleihescheine sowie das Inkasso der Zinsscheine und der aufgekündigten Obligationen und sichern dadurch der Landesbank einen steten Zusammenhang mit den für sie in Betracht kommenden, feste Anlagen suchenden Kapitalistenkreisen. „Charakteristisch für den Erfolg dieser Maxime", so schreibt die Landesbank selbst, „ist z. B. die Tatsache, daß die von Ende 1907 bis zum 31. März 1908 verkauften 13 425 700 Mk. Anleihescheine der 32. Emission auf 1 279 Verkaufsposten fallen, somit der Durchschnitt eines Verkaufspostens nur rund 10 500 Mk. beträgt. Diese Verteilung der Anleihescheine in die kleineren Kapitalistenkreise gewährleistet eine große Stabilität der Plazierung, schützt die Landesbank vor zu starken Rückflüssen der Anleihescheine und erstreckt die Beliebtheit derselben in die weitesten Bevölkerungskreise"[2]. Ein solcher Verkauf der Obligationen ist außerdem noch dadurch für die Landesbank mehr geeignet als eine Begebung der ganzen Anleihe auf einmal, daß die Landesbank zu ihrer Kreditgewährung niemals den ganzen Betrag einer Anleihe, sondern nur verhältnismäßig geringe Teilsummen braucht. Bei Begebung en bloc würde unter Umständen ein größerer Teil des Anleiheerlöses, da das Darlehensgeschäft für ihn augenblicklich keine Verwendung bietet, ein im Vergleich zu dem Anleihezinsfuß nur geringes Zinserträgnis bringen.

Auch in ihrem gewöhnlichen Bankverkehr sucht die Landesbank ihre geschickte Emissionspolitik durch geeignete Maßnahmen zu unterstützen, um die Anlage in Rheinprovinzobligationen besonders günstig zu machen. So sind im Effektendepotgeschäft die Gebühren für Aufbewahrung und Verwaltung von Rheinprovinzanleihen mit denen für deutsche Reichs- und Preußische Staatsanleihen besonders niedrig, für öffentliche Sparkassen als Hinterleger sogar niedriger als die Gebühren für diese. So werden ferner im allgemeinen mündelsichere Wertpapiere nur bis zu drei Viertel des Kurswertes, Rheinprovinzobligationen indessen bis zu vier Fünftel desselben beliehen. Durch alle diese Maßnahmen, unterstützt durch eine sorgfältige durch die Berliner Bankverbindung der Landesbank, die Preußische Pfandbriefbank, ausgeübte Kurspflege der Rheinprovinzanleihen, hat die Landesbank es

---

[1] Lohe, S. 33.
[2] Bericht 1907/08. S. 8.

verstanden, einen ausgedehnten und zuverlässigen Kundenkreis für ihre Obligationen heranzuziehen und sich dadurch eine Kapitalbeschaffung zu einem verhältnismäßig niedrigen Realzinsfuß — verglichen z. B. mit dem der Hypothekenpfandbriefe — zu sichern.

V.
Tätigkeit und wirtschaftliche Bedeutung der Landesbank.

Die Tätigkeit der im Jahre 1888 „zum Zweck der besseren Organisation des ländlichen, beziehungsweise des Grund-Kreditwesens in der Rheinprovinz" gegründeten Landesbank der Rheinprovinz ist eine mannigfache. Sie umfaßt neben der spezifischen Hypothekar- und Korporationskreditgewährung auch eine Reihe regulärer Bankgeschäfte, besonders das Depositen-, Kontokorrent- und Lombardgeschäft; ferner das Effektendepot- und im Zusammenhang damit das Effektenkommissionsgeschäft. Die Gesamtheit dieser verschiedenartigen Geschäfte läßt sich in drei Gruppen einteilen nach den verschiedenen wirtschaftlichen Aufgaben, denen sie zu dienen haben. Die erste dieser Aufgaben erwächst der Landesbank gewissermaßen aus ihrer organischen Verbindung mit dem Provinzialverbande der Rheinprovinz: sie ist das Finanzinstitut der Provinz; die zweite Aufgabe ist ihr aus dem ursprünglich wichtigsten Zweck der alten Provinzialhilfskasse, der Förderung des Sparkassenwesens, überkommen: sie ist Zentralausgleichsstelle für die öffentlichen Kassen, besonders die Sparkassen in der Provinz. Dazu kommt als dritte, volkswirtschaftlich bedeutungsvollste Aufgabe der Landesbank die Pflege des Darlehensgeschäftes, speziell der Hypothekar- und Korporationskreditgewährung.

A. Die Landesbank als Finanzinstitut der Provinzialverwaltung.

Die erste dieser Aufgaben der Landesbank, als Finanzinstitut der Rheinprovinz zu dienen, umfaßt wiederum eine dreifache Tätigkeit: sie ist für die Provinz Kassen-, Bank- und Erwerbsinstitut. Ursprünglich waren die finanziellen Geschäfte des früheren provinzialständischen Verbandes der Rheinprovinz, der wenig umfassenden Bedeutung seiner Aufgaben entsprechend, nur sehr gering gewesen; die Provinzialhilfskasse hatte mit diesen Finanzgeschäften der Provinzialstände nur insoweit zu tun, als ihr durch Bestimmung des Statuts die Annahme von Depositen aus Provinzial- wie anderen öffentlichen Kassen erlaubt war, und sie Darlehen „zur Gründung oder Erweiterung von Provinzialinstituten" gewähren konnte. Durch die Dotationsgesetze von 1873 und 1875, die den ersten Schritt bildeten auf dem Wege der verwaltungsrechtlichen wie finanziellen Selbständigmachung der Provinzen, wurden den Provinzialständen der Rheinprovinz „Dotationen", d. h. bestimmte Kapital- und Rentenzuwendungen aus den Staatseinkünften überwiesen; auf der andern Seite wurden ihnen dafür bestimmte Aufgaben, wie Pflege des Chaussee- und Wegebaues, Errichtung und Unterhaltung von Irren-, Blinden-, Taubstummen- und Hebammenanstalten, von Wein- und Obstbauschulen zur Pflicht gemacht. Diese umfassende Tätigkeit brachte naturgemäß eine große Zahl von Finanz- und Kassengeschäften für den provinzialständischen Verband; nach dem Vorbild der „Nassauischen Landesbank" übertrug der rheinische Provinziallandtag im Jahre 1881 die Besorgung dieser sämtlichen Kassengeschäfte der Provinzialhilfskasse. Diese Aufgabe ging 1888 bei der Gründung der Landesbank auf sie über, welche die Kassengeschäfte der Provinzialverwaltung auf Grund eines Reglements vom 26. April 1892 führt, das sich genau an die Vorschriften für das Kassen- und Rechnungswesen der Staatsverwaltung anschließt[1]. Die Kassengeschäfte umfassen in erster Linie diejenigen der Provinzialzentralverwaltung: der Landesbank fließen die Provinzialumlagen, die staatlichen Beiträge und Renten zu, sie besorgt die von der Provinz für Gehälter, Lieferungen usw. zu machenden Zahlungen. Sodann sind der Landesbank auch fast die gesamten Kassen- und Rechnungsgeschäfte der der Provinz gehörenden oder von ihr verwalteten Anstalten übertragen. So sind im Jahre 1889 die Geschäfte der 21 Landesbauamtskassen, „Spezialbaukassen", auf sie übergegangen, d. h. der Kassen der Landesbauämter, in welche die Rheinprovinz „zum Zwecke der örtlichen Leitung und Verwaltuug des Straßenbauwesens" eingeteilt ist. Sodann führt die Landesbank den größten Teil der Kassengeschäfte der Landesversicherungsanstalt: „Rheinprovinz", ferner die der landwirtschaftlichen Berufsgenossenschaft und anderer kleinerer Anstalten. Der Umfang dieser Kassen- und Rechnungsgeschäfte, welche die Landesbank neben den aus ihrem eigenen Geschäftsbetriebe sich ergebenden zu erledigen hat, ist ein bedeutender; schon 1893 waren sie derart angewachsen, daß sie von diesen getrennt und einer besonderen Rendanturabteilung überwiesen werden mußten. Die wirtschaftliche Bedeutung dieser Konzentrierung fast der ganzen Kassengeschäfte der Provinzialverwaltung bei der Landesbank beruht einmal auf der dadurch ermöglichten Ersparung von Verwaltungskosten und von zu Zahlungen benötigten Geldmitteln; sodann darin, daß so auch

---

[1] Verh. des 37. Prov. Landtags 1892. Anlage 29.

kleine Kassenbeträge nutzbar gemacht werden können und die der Landesbank zur Verfügung stehenden Betriebsmittel vermehren.

Mit diesen Kassengeschäften, welche die Landesbank für die Provinz besorgt, steht in engster Verbindung ihre Tätigkeit als Provinzialbank. Diejenigen Gelder, welche die Provinzialverwaltung oder ihre Institute — sei es dauernd, sei es für kurze Zeit — zur Verfügung haben, werden von der Landesbank als Depositen zinsbar angelegt und von ihr verwaltet. Dauernd ist bei der Landesbank neben kleineren Fonds vor allem der Reserve- und der Ausgleichsfonds der Provinzialfeuerversicherungsanstalt angelegt; dazu kommen, in ihrer Höhe vielfach schwankend, die Depositen aus laufenden Beständen der Sozietät und die Depositen des Zentralfonds. Außerdem verwaltet die Landesbank, von den übrigen Fonds getrennt, auch den „Meliorationsfonds der Rheinprovinz" und verzinst seinen jeweiligen Barbestand als Depositengelder. Dieser Fonds wurde auf Antrag der Stände durch Kabinettsordre vom 20. Februar 1856 aus Zinsüberschüssen der Provinzialhilfskasse gebildet und später aus solchen auf zwei Millionen Mark erhöht; sein Zweck ist „Hebung der landwirtschaftlichen Verhältnisse, insbesondere die Förderung land- und forstwirtschaftlicher Meliorationen und Wegebauten in bedürftigen Gegenden der Provinz" durch Gewährung billiger Amortisationsdarlehen an Gemeinden und Genossenschaften, eventuell auch an Private. Ferner sind die Effekten der Landesversicherungsanstalt mit einem Gesamtnominalbetrage von 105 Millionen Mark (31. März 1909) bei der Landesbank deponiert und werden von ihr verwaltet.

Wie die Landesbank die zeitweise oder dauernd vorhandenen Kapitalien der Provinz aufzunehmen und nutzbar zu machen hat, so hat sie auf der anderen Seite auch ihrem zeitweisen oder dauernden Kapitalbedürfnis durch Darlehensgewährung abzuhelfen. Eines kurzfristigen Kredits bedarf die Rheinprovinz — freilich nur selten — in zwei Fällen: er dient entweder zur Deckung eines nur augenblicklichen Bedarfs, wenn in einer Finanzperiode größere Zahlungen zu machen sind, die zur Deckung bestimmten Einkünfte aber noch nicht eingegangen sind; oder er dient zur einstweiligen Deckung eines größeren, dauernden Bedarfes, wenn die definitive Beschaffung der benötigten Mittel durch Anleiheaufnahme zur Zeit noch nicht möglich ist. Solch kurzfristigen Kredit erhält der Provinzialverband — wie übrigens auch die Kommunen der Provinz — durch Gewährung kurzfristiger Vorschüsse von der Landesbank, die ohne besondere Genehmigung von der Provinz aufgenommen werden dürfen.

Aber auch der Befriedigung dauernden Kapitalbedarfes

der Rheinprovinz dient die Landesbank. Er erwächst der Provinz aus den von Zeit zu Zeit große finanzielle Aufwendungen erfordernden Aufgaben, die ihr durch die Dotationsgesetze der Jahre 1873 und 1875 zugewiesen sind. In erster Linie handelt es sich dabei um Errichtung und Ausbau der Provinzialinstitute und Anstalten, wie der Irren-, Taubstummen- und Blindenanstalten; sodann um Unterstützung des Chaussee- und Wegebaues. Bevor der Provinzialhilfskasse durch das Recht der Obligationenausgabe jederzeit genügend Kapitalien zur Verfügung standen, mußte sich die Provinz zur Erfüllung dieser Aufgaben die erforderlichen Mittel durch Aufnahme besonderer Anleihen am offenen Markt beschaffen; derart wurden die beiden ersten Serien von Rheinprovinzanleihescheinen zum Zweck der Reorganisation der Irrenpflege und der Errichtung von Irrenanstalten emittiert. Seit 1880 aber beschafft sich die Provinz die erforderlichen Geldmittel nicht mehr durch direkte Emission besonderer Anleihen, sondern sie erhält dieselben — genau so wie vielfach die Kommunen und Kreise der Provinz — durch Gewährung langfristiger Darlehen von der Landesbank, die ihr insoweit als selbständiges Institut gegenübersteht; Sache der Bank ist es, sich die erforderlichen Kapitalien ihrerseits durch Emission von Rheinprovinzanleihescheinen zu verschaffen. Zur Erlangung eines solchen Darlehens von der Landesbank ist für die Provinzialverwaltung wie für die einzelnen Provinzialinstitute[1] Beschluß des Provinziallandtags erforderlich; es dürfen aber bei der Ausgabe von Rheinprovinzanleihescheinen „die von dem Provinzialverbande selbst bei der Landesbank aufgenommenen Darlehen nur insoweit zur Anrechnung kommen, als die nach § 119 der Provinzialordnung erforderliche Zustimmung des Ministers des Innern zu dem Anleihebeschluß erteilt ist"[2].

Die Landesbank gibt der Provinz die Darlehen zu demselben Zinssatz, wie sie selbst die Obligationen verzinsen muß. Die für Zwecke der Provinzialverwaltung emittierten Obligationen machen nur einen verhältnismäßig kleinen Teil der gesamten von der Landesbank ausgegebenen Rheinprovinzanleihescheine aus; am 31. März 1910 waren von insgesamt 16034 Darlehen im Betrage von 487,8 Millionen Mark nur 42 Darlehen mit 35718085,48 Mk. von der Provinzialverwaltung aufgenommen. Da der größere Umfang dieser Emissionen ihre billigere Begebung ermöglicht, so ist die Kreditaufnahme bei der Landesbank für die Provinz bedeutend billiger als die Ausgabe besonderer Anleihen. Dazu kommt ein weiterer wirtschaftlicher Vorteil: die verschiedenen

---

[1] Statut § 8 I.
[2] Anleihe-Regulativ § 1. Abs. II.

Zwecke, denen die speziell von der Provinz zu machenden Kreditaufnahmen dienen, erfordern aus finanzpolitischen Gründen besondere Modalitäten der Darlehen in bezug auf den Beginn der Amortisation und die Höhe der Tilgungsquote, je nach der Rentabilität der einzelnen Unternehmung wie nach dem wahrscheinlichen Zeitpunkt der Wiederkehr eines ähnlichen Bedarfes. Erfolgte die Kapitalbeschaffung jedesmal durch besondere Emissionen, so könnten die Tilgungsbestimmungen der Anleihen nicht diesen Erfordernissen angepaßt werden, sondern sie müßten unter möglichster Rücksichtnahme auf den Kapitalmarkt festgesetzt werden. Dadurch daß die Landesbank als Vermittler zwischen diesen und die Provinz tritt, kann sie auf der einen Seite bei der Emission der Anleihen den Tendenzen des Kapitalmarktes gerecht werden, und anderseits doch die Amortisation der von der Provinz aufzunehmenden Darlehen nach deren finanziellen Interessen regeln. So konnte z. B. im Jahre 1899 der Provinz ein Darlehen von zwei Millionen Mark zur Ausführung von Kleinpflasterungen zu $3^{1}/_{2}\,\%$ Zinsen und $12\,\%$iger Tilgung vom sechsten Jahre ab, 1903 ein solches von etwas mehr als einer halben Million Mark zu $3^{3}/_{4}\,\%$ Zinsen und $6^{1}/_{4}\,\%$ Amortisation unter Zuwachs der ersparten Zinsen gewährt werden.

Die Bedeutung der Landesbank für die Provinzialverwaltung erhöht sich noch dadurch, daß sie nicht nur Kassen- und Bank-, sondern gleichzeitig auch wichtiges Erwerbsinstitut für diese ist. Ähnlich wie bei vielen kommunalen Sparkassen ist auch bei der Landesbank der Rheinprovinz ein ausgesprochenes Gewinnstreben nicht von vornherein vorhanden gewesen, sondern erst im Laufe der Zeit allmählich immer mehr in den Vordergrund getreten. Noch bei der Errichtung der Landesbank im Jahre 1888 dachte man nicht daran, die Landesbank als solches Erwerbsinstitut für die Rheinprovinz auszubauen; man wollte nur nach Berichtigung sämtlicher Auslagen einen Zinsgewinn von „$4\,\%$ der als Stammkapital überwiesenen 3 000 000 Mk. und als weiteren Reservefonds überwiesenen 2 000 000 Mk. zur Verfügung des Provinziallandtags abführen", wie es schon bei der Provinzialhilfskasse geschehen war zugunsten des Ständefonds, d. h. eines zu freier Verfügung der Provinzialstände stehenden Fonds, der außerhalb der eigentlichen Aufgaben der Provinz liegenden, ideellen Zwecken, wie besonders der Erhaltung und Ausbauung wertvoller Bauten und Kirchen diente. „Der Rest", so hatte ursprünglich im Entwurf die Fassung des in Betracht kommenden § 25 des Statuts gelautet, „wird, insoweit der Provinziallandtag keine andere Bestimmung trifft, dem Reservefonds zugewiesen; sobald dieser eine entsprechende Höhe erreicht hat, ist seitens des Kuratoriums auf Herabsetzung des Zinsfußes, eventuell behufs schnellerer Tilgung der Schuld zunächst für ländliche Darlehen Bedacht zu nehmen". Auf Grund der Beratungen im Provinziallandtag[1] wurde aber schließlich aus mehr formellen Gründen die Bestimmung über Verwendung des Restgewinnes zugunsten einer schnelleren Tilgung oder einer Zinsherabsetzung fallen gelassen. Dem Sinne nach sollte diese Bestimmung indessen bestehen bleiben: man fügte daher dem § 7, der dem Kuratorium die Festsetzung des Zinsfußes für Aktiv- und Passivkapitalien überläßt, die Bemerkung hinzu, daß „besonders auf Herabsetzung" des Zinsfußes, „eventuell behufs schnellerer Tilgung der Schuld zunächst für ländliche Darlehen Bedacht zu nehmen ist".

Schon damals, im 33. Provinziallandtag, war freilich von einem Abgeordneten die Befürchtung ausgesprochen worden[2] — und auch die Staatsregierung teilte diese —, es möchte in der Absicht, eine Erhöhung der Provinzialumlagen zu vermeiden, sich doch eine stärkere Erwerbstendenz bei der Verwaltung der Landesbank geltend machen. Tatsächlich tritt eine solche schon in dem noch im gleichen Jahre 1888 stattfindenden 35. Provinziallandtage deutlich hervor, der einen Teil der Betriebsüberschüsse der Landesbank zu gemeinnützigen Zwecken, Stände- und Museumsbaufonds, zu verwenden beschließt. Von einer besonderen Herabsetzung des Zinsfußes unter den normalen Satz oder von einem Erlaß von Tilgungsbeiträgen ist seitdem nie mehr die Rede; in immer höheren Beträgen wird vielmehr im Etat der Provinz der nach Dotierung des Reservefonds sich ergebende Reingewinn, auch über eine 4%ige Verzinsung des Stammfonds und der überwiesenen Reserven hinaus, zu anderen Zwecken der Provinzialverwaltung verwandt.

Von dem alljährlich an die Zentralverwaltung der Provinz abgeführten Überschusse wird regelmäßig der größte Teil — eine Summe, die, wie der Landeshauptmann einmal sagte[3], die Landesbank in dem betreffenden Jahre „unter allen Umständen uns geben muß" — in den Haupt-Haushaltsplan der Rheinprovinz im Voraus eingestellt; der weiterhin sich ergebende Überschuß wird als sogenannter Dispositionsfonds (früher: Ständefonds) dem Provinzialausschuß bzw. Landtag „für besondere Zwecke" zur Verfügung gestellt. Der starken Zunahme der Geschäftstätigkeit der Landesbank entsprechend haben auch diese Gewinne sich erheblich gesteigert. Im Jahre 1888/1889 war der Gesamtüberschuß 384 170,02 Mk.; hiervon wurden 104 170,02 Mk. dem Reservefonds zugeschrieben,

---

[1] Verh. des 33. Prov.-Landtags. St. Bericht 2. Sitzung 9./2. 1888, 4. Sitzung 17./2. 1888.
[2] Verh. des 33. Prov.-Landtags 1888. 4. Sitzg. 17./2. Abg. Wolters.
[3] Verh. des 45. Pr.-Landtags. 2. Sitzg. vom 13./3. 1905.

200000 Mk. als 4%ige Verzinsung des Stammfonds und der Reserve A dem Haupt-Haushaltsplan zugeführt und der Rest von 80000 Mk. für besondere Zwecke verwandt. Im Geschäftsjahr 1909/10 hingegen wurde ein Gesamtgewinn von 1133869,42 Mk. gemacht; nach Dotierung des Reservefonds der Landesbank mit 428869,42 Mk. wurden an den Hauptetat 625000 Mk. abgeführt, sodaß noch 80000 Mk. zu besonderen Zwecken zur Verfügung standen. Die Bedeutung dieser Gesamtsumme von 705000 Mk. für die Finanzen der Rheinprovinz erhellt daraus, daß ihr ganzer Etat für das Rechnungsjahr 1909/10 mit Hinzuzählung der einzelnen Verwaltungszweige und Anstalten sich in Einnahme und Ausgabe nur auf 31279826,99 Mk. stellt. Im ganzen belaufen sich die seit 1888 der Zentralverwaltung überwiesenen Überschüsse auf 11830295,33 Mk. wovon 10 Millionen dem Hauptetat zugeführt, gut 1½ Millionen Mark zu besonderen Zwecken verwandt wurden.

Ohne Zweifel hat somit die Landesbank den Charakter eines „werbenden Instituts";[1] gilt doch von ihr, ebenso wie von der Landesbank der Provinz Westfalen, daß „das leitende Prinzip in gewissem Umfange die Schaffung des größtmöglichen Reinertrages sei."[2] Vielfach wird diese Erwerbstendenz getadelt, weil darunter die besonderen, gemeinnützigen Zwecke der Landesbank, besonders die Pflege des ländlichen Realkredits, zu leiden hätten. Demgegenüber ist festzustellen, daß, wie die Landesbank- und Provinzialverwaltung vielfach betont, am ländlichen Hypothekenkreditgeschäft jedenfalls nicht verdient wird, die ländlichen Hypothekardarlehen vielmehr stets zum Selbstkostenpreise, bisweilen sogar mit geringem Verluste gegeben werden. Ihren Gewinn macht die Landesbank vielmehr nach mehrfachen Angaben der Verwaltung[3], wenn man von der Verzinsung der 6 Millionen Stamm- und Reservefonds absieht, in erster Linie aus der im Vergleich zu den Darlehnszinsen niedrigen Vergütung für die Depositen[4], daneben auch aus den Darlehen an Korporationen und an städtische Grundbesitzer. Da bei diesen Geschäftszweigen die Landesbank keine besonderen, gemeinnützigen Aufgaben zu erfüllen hat, bei ihnen auch schon eine genügend starke Konkurrenz der Landesbank

---

[1] So auch der Abg. Voigt in der 2. Sitz. des 49. Pr.-Landtags vom 8./3. 09.

[2] Lübbering, Das Finanzwesen des Provinzialverbandes Westfalen. S. 33.

[3] So z. B. der Landeshauptmann in den Verh. des 35. Landtags, 2. Sitz. 10./12. 1888 und des 43. Landtags 2. Sitzg. 9./2. 1903.

[4] Angaben über deren Verzinsung verweigert leider die Landesbankverwaltung.

Tabelle II.

Von den Überschüssen der Landesbank wurden überwiesen

Im Jahre	Summe des Überschusses ℳ ₰	dem Reservefonds der Landesbank ℳ ₰	dem Agio-Konto der Landesbank ℳ ₰	dem Immobilien-Konto der Landesbank ℳ ₰	für sonstige Zwecke ℳ ₰	der Zentralverwaltung	
						a. dem Haupt-Haushaltsplan ℳ ₰	b. für besondere Zwecke ℳ ₰
1888/89	384 170 02	104 170 02	—	—	—	200 000 —	80 000 — Ständefonds, Museumsbaufonds Trier je 40 000 Mark.
1889/90	423 415 76	123 415 76	—	—	—	300 000 —	—
1890/91	453 675 62	71 839 52	25 000 —	—	—	300 000 —	56 836 10 Konto Kaiserfest.
1891/92	451 263 15	59 030 23	65 000 —	—	—	320 000 —	7 232 92 Desgl.
1892/93	510 680 02	107 219 24	75 000 —	—	—	320 000 —	8 460 78 Desgl.
1893/94	544 677 05	33 749 93	95 000 —	—	—	340 000 —	75 927 12 Kaiserfest, Notstandsdarlehen, Weinbauschule Trier.
1894/95	586 258 04	—	171 258 04	50 000 —	—	340 000 —	25 000 — Notstandsdarlehen.
1895/96	742 236 29	—	34 549 68	75 000 —	96 675 68	390 000 —	146 010 93 Notstandsdarlehen, Weinbauschule Trier.
1896/97	792 072 78	—	176 447 40	25 625 38	—	390 000 —	200 000 — Kaiser Wilhelm-Denkmal.
1897/98	752 830 17	—	97 589 26	55 240 91	—	400 000 —	200 000 — Desgl.
1898/99	834 648 56	—	92 283 93	56 714 93	—	400 000 —	285 649 70 Desgl., Langenfelderhof, Siebengebirge.
1899/00	856 728 49	—	61 055 67	200 000 —	—	414 000 —	181 672 82 Kaiser Wilhelm-Denkmal, Siebengebirge, Industrie- usw. Ausstellung 1902.
1900/01	841 387 16	277 113 76	—	—	—	414 000 —	150 273 40 Desgl.
1901	846 689 21	346 689 21	—	—	—	500 000 —	—
1902	897 860 78	297 860 78	—	—	—	600 000 —	—
1903	993 416 92	105 450 01	123 966 91	—	—	764 000 —	—
1904	1 032 788 33	100 000 —	144 288 33	130 000 —	—	658 500 —	—
1905	1 041 457 08	185 300 —	99 255 08	140 000 —	—	584 502 —	32 400 — Für den Ilverich-Lanker Deichverband: I. Rate einer vom 46. Provinziallandtage bewilligten Beihilfe von 162 000 Mark.
1906	1 110 897 22	165 000 —	280 527 22	—	10 920 —	622 050 —	32 400 — II. Rate desgl.
1907	1 329 019 49	658 182 56	—	—	—	625 000 —	45 836 93 III. Rate desgl., Hochzeitsgeschenk für das Kronprinzenpaar, Sterbekasse der Provinzialbeamten.
1908	1 080 542 63	320 000 —	—	45 000 —	—	625 000 —	90 542 63 IV. Rate desgl., Sterbekasse, zur Verfügung des Provinzialausschusses.
1909	1 133 869 42	428 869 42	—	—	—	625 000 —	80 000 — V. Rate desgl., Sterbekasse, Hochwasserschäden.
	17 640 584 19	3 383 890 44	1 541 221 52	777 581 22	107 595 68	10 132 052 —	1 698 243 33

keine übermäßigen Gewinne läßt, so kann man vom volkswirtschaftlichen Standpunkt gegen die erwerbsmäßige Verwaltung der Landesbank, deren Bedeutung für die Finanzen der Provinz eine sehr große ist, keinen Einwand erheben.

B. Die Landesbank als Zentralstelle der öffentlichen Kassen, besonders der Sparkassen.

Zu ihrer Tätigkeit als Finanzinstitut der Provinzialverwaltung tritt sodann die Wirksamkeit der Landesbank als Zentralausgleichstelle für die öffentlichen Kassen, speziell die Sparkassen in der Provinz. Ursprünglich freilich — bei der Gründung der rheinischen Provinzialhilfskasse wie auch noch bei der Errichtung der Landesbank — hatte man dem Institut viel umfassendere Aufgaben bei der „Beförderung des so heilsamen Sparkassenwesens"[1] zuweisen wollen. Man hatte im Statut der Hilfskasse festgesetzt, daß ein Teil ihres jährlichen Zinsgewinnes zur Prämiierung von Sparkassen-Interessenten verwandt werden solle, und dachte, durch diese direkte Beförderung den damals im Rheinland noch wenig bedeutsamen Sparkassen „ein regeres Leben" geben zu können. Diese Bestimmung hatte sich jedoch auf die Dauer wenig bewährt; da gleichzeitig auch im Laufe der nächsten Jahrzehnte das Sparkassenwesen der Rheinprovinz sich aus sich heraus stark entwickelte — am 1. Januar 1849 zählte die Provinz erst 32 Sparkassen mit noch nicht 9 Millionen Mark Einlagen, am 1. Januar 1869 101 Sparkassen mit mehr als 66 Millionen[2] —, so wurde diese direkte Förderung des Sparwesens schon im Jahre 1873 ganz aufgegeben.

Eine noch weiter gehende, direkte Beförderung des Sparwesens hatte sodann das Statut der Landesbank vorgesehen: es sollte danach unter anderem auch Zweck der Bank sein, „Spargelder anzunehmen und zu verzinsen[3];" der Abschnitt III des Statuts regelte diese Tätigkeit der Landesbank als Sparkasse im einzelnen genauer. Man hatte bei diesem Plane das Vorbild der mit einer besonderen, sehr bedeutenden Sparkasse verbundenen Nassauischen Landesbank im Auge gehabt und gedachte, eine Art „Modellsparkasse"[4] zu schaffen, bei der die Spannung zwischen Aktiv- und Passivzinsen nur so groß sein sollte, als es zur Deckung der Verwaltungskosten und zur allmählichen Ansammlung eines Reservefonds erforderlich sei. Tätigkeitsfeld dieser Provinzialsparkasse sollten in erster Linie die ländlichen Bezirke der Rheinprovinz sein; in solchen dürfte ein Provinzialinstitut schon

---

[1] Siehe die Königl. Botschaft vom 7./4. 1847.
[2] Meitzen, Bd. III. S. 437 Tabelle.
[3] Statut § 2.
[4] So der Landesbankdirektor in einem Bericht v. 6./4. 1897.

an sich besonderes Vertrauen erwarten; auch glaubte man[1], daß die Landesbank deswegen bei der ländlichen Bevölkerung als Sparkasse beliebt sein werde, weil bei ihr — im Gegensatz zu den lokalen Kassen — die Spartätigkeit des einzelnen leichter unbemerkt bleiben könne. Zur Erleichterung des Sparens sollten an geeigneten Orten der Provinz Landesbankagenturen errichtet werden, deren Tätigkeit neben anderem die Annahme von Spargeldern bilden sollte und zu deren eventueller Errichtung der § 27 des Statuts den Provinzialausschuß ermächtigte. Was man mit dem Projekt der Aufnahme einer solchen Sparkassentätigkeit in erster Linie erreichen wollte, war eine möglichste Stärkung der Betriebsmittel der Landesbank; je mehr für diese aber durch die Verleihung des allgemeinen Emissionsprivilegs die Frage der Kapitalbeschaffung an Bedeutung verlor, desto geringer ward das Interesse der Provinzialverwaltung an der wirklichen Aufnahme der geplanten Sparkassentätigkeit. Dazu machte sich innerhalb der Provinzialvertretung selbst eine starke Gegenbewegung geltend. Nahm die Landesbank die geplante Sparkassentätigkeit wirklich auf, so mußte sie — darauf hatte man schon 1888 bei der Beratung des Landesbankstatuts hingewiesen[2] — in einem starken Konkurrenzkampf mit den zahlreichen öffentlichen Sparkassen in der Rheinprovinz treten; besonders für die Tätigkeit und damit auch finanzielle Ergiebigkeit der Sparkassen der Landkreise mußte diese Konkurrenz empfindlich fühlbar werden. So machte sich von vorne herein der im Provinziallandtag mächtige Einfluß der Landkreise gegen die Ausführung des Planes geltend. Da bei der besonders starken Entwicklung des Sparkassenwesens der Rheinprovinz mit ihren mehr als 250 Sparkassen auch kein allgemeines Interesse die Errichtung einer solchen Provinzialsparkasse erwünscht erscheinen ließ, sah man schließlich definitiv von der Einrichtung eines besonderen Sparkassenverkehrs bei der Landesbank ab.[3]

Wohl aber hielt die Provinzialverwaltung an der schon im Jahre 1888 betonten Absicht[4], „die demnächstige Landesbank der Rheinprovinz zu einer Ausgleichstelle für die städtischen und Kreissparkassen zu machen", also an der indirekten Förderung des Sparkassenwesens fest. Die Verbindung mit den Sparkassen wie auch mit anderen öffentlichen und Institutskassen der Provinz war ursprünglich, wie schon zur Zeit der Provinzialhilfskasse, in der Art geregelt, daß die Kassen ihre zur Zeit verfügbaren und nicht anderweit

---

[1] Verh. des 33. Prov.-Landtags 1888, Anlage 16.
[2] Verh. des 33. Rh. Prov.-Landtags 1888. 2. Sitzg. v. 9./2. 1888.
[3] Unrichtig: Troch, S. 9, die Landesbank betreibe „die Geschäfte einer Sparkasse."
[4] Verh. des 33. Pr.-Landtags 1888. Anlage 20.

verwendbaren Gelder der Landesbank als Depositen zuführten, während die Bank anderseits diese Kapitalien an solche Kassen, die zeitweise flüssige Gelder benötigten, vorschußweise auslieh. Da die Einzahlung auf Depositenkonto für die Kassen wie für die Landesbank etwas umständlich war, wurde im Jahre 1892 der wesentlich einfachere Kontokorrentverkehr auch auf die öffentlichen Sparkassen ausgedehnt. Die kommunalen Sparkassen machen zu einem großen Teil, soweit sie nicht in ähnlicher Weise an die Preußenkasse angeschlossen sind, von dieser Einrichtung Gebrauch: am 31. März 1910 waren 127 Sparkassen angeschlossen; der gesamte Umschlag im Kontokorrentverkehr, an dem neben den öffentlichen Kassen in geringem Maße auch private Darlehensschuldner der Bank teilnehmen, belief sich im Geschäftsjahre 1909/10 auf 277 738 741,38 Mk.

Der Geschäftsverkehr zwischen der Landesbank und den Sparkassen vollzieht sich in der Art, daß die Sparkassen ihre verfügbaren Gelder als bare Einlagen bei der Landesbank auf Kontokorrentkonto einzahlen; diese vergütet die Einlagen zu einem, dem Zinsfuß für Depositen ohne Kündigungsfrist entsprechenden Satze; nur für Guthaben von mehr als 100 000 Mk. und solche, die nur nach einer bestimmten, längeren Kündigungsfrist zurückgefordert werden können, wird ein besonderer Zinssatz vereinbart. Um die Liquidität der Landesbank zu sichern, ist bestimmt, daß Beträge bis 20 000 Mark nur zahlbar sind, wenn die Abhebung einen Tag vorher angesagt wird. Für Beträge von 20 000,— Mk. bis 30 000,— Mk. ist eine fünftägige, für höhere Summen eine zehntägige Ansagefrist festgesetzt; doch wird von diesen Fristen, soweit die Landesbank gerade Mittel zur Verfügung hat, zumal in dringenden Fällen abgesehen. Die Vorschüsse, die anderseits die Landesbank den Sparkassen gibt, werden nur gegen Vorlage eines Beschlusses des Sparkassenkuratoriums und gegen Hinterlegung von mündelsicheren Wertpapieren gewährt; auch sonst übernimmt die Bank für die Kassen die Aufbewahrung und Verwaltung von Wertpapieren zu ermäßigten Gebühren. In ähnlicher Weise war die Landesbank zeitweise übrigens auch mit einzelnen Kreditgenossenschaften verbunden; später hat sie dann eine Zeit lang, bis zu ihrem Übergang an die neugegründete Preußenkasse im Jahre 1897, auch den dem Rheinischen Bauernverein und der damaligen „Hauptgenossenschaftskasse für Rheinpreußen" in Bonn angeschlossenen Kassen als Zentralausgleichstelle und Bankverbindung gedient.

Die wirtschaftliche Bedeutung dieser Wirksamkeit der Landesbank als eines Zentralinstituts für die rheinischen Sparkassen liegt darin, daß diese so die Möglichkeit haben, ohne Verringerung der Flüssigkeit ihrer Mittel zeitweilig disponible Beträge jederzeit sicher und zinstragend anzulegen, während anderseits die Landesbank einem etwaigen augenblicklichen Geldmangel durch Vorschußgewährung jederzeit abhelfen kann. Die Landesbank hat sogar einmal darüber hinausgehend, ohne sich allzu bürokratisch an die Vorschriften des Statuts zu halten, eine größere Sparkasse durch Beleihung von Hypothekenbriefen vor zeitweiser Zahlungsunfähigkeit bewahrt.

C. Die Landesbank als Korporations- und Hypothekarkreditinstitut.

Die volkswirtschaftlich bedeutsamste Tätigkeit der Landesbank der Rheinprovinz bildet die ihr bestimmungsgemäß obliegende Pflege des Hypothekar- und Korporationskredits. Die Verbindung dieser beiden Darlehensarten finden wir auch bei den meisten anderen Landeskreditanstalten, wie auch bei sonstigen Bodenkreditinstituten; den Hypothekenbanken ist die Pflege des Kommunal- neben der des Hypothekarkredits ausdrücklich durch das Reichshypothekenbankgesetz von 1899 gestattet. Diese Verbindung ist keine zufällige, sondern findet ihre Begründung in dem „Parallelismus zwischen hypothekarischem und kommunalem Kredit überhaupt[1]". Dieser Parallelismus besteht einmal hinsichtlich der Sicherheit des Kredits; beim hypothekarischen Kredit wird sie bewirkt durch die besondere natürliche, wie rechtliche Natur des Pfandobjekts: die Unmöglichkeit des Untergangs des Grund und Bodens auf der einen, die Öffentlichkeit der ihn betreffenden Rechtsverhältnisse durch das Grundbuch auf der anderen Seite. Dem entspricht beim Korporations- oder Kommunalkredit — soweit er nicht tatsächlich auch gegen besondere Hypothekenbestellung gegeben wird — eine ähnliche Sicherheit durch die Natur des Kreditnehmers: auch öffentlich-rechtliche Korporationen und Kommunen sind im allgemeinen unvergänglich wie der Boden und bieten dem Kreditgeber daher eine ähnliche Sicherung wie eine Grundstücksverpfändung; auch bei Korporationen wird diese Sicherheit verstärkt durch eine besondere Publizität der rechtlichen und wirtschaftlichen Verhältnisse infolge des Zwanges zu öffentlicher Rechnungslegung. Hinzu kommt eine Verwandtschaft beider Kreditarten hinsichtlich der Dauer und der Form des Kredits: beide, Hypothekar- wie Korporationskredit, dienen, ihrer Natur entsprechend, meist zu Kreditbeschaffungen auf lange Zeit, beide müssen, wenigstens vielfach, für diese längere Zeit unkündbar und durch Annuitäten tilgbar gegeben werden.

---

[1] So Jastrow, der städt. Anleihemarkt in Deutschland und seine Organisation. Conrads Jahrbücher. N. F. Bd. 20.

Tabelle III.

Die Darlehensforderungen betrugen:

	Zu Anfang des Jahres		Darauf wurden getilgt		Dagegen neu ausgezahlt		Bestand am Schlusse des Jahres	
	ℳ	₰	ℳ	₰	ℳ	₰	ℳ	₰
1885/86	9 833 647	96	1 935 949	12	4 536 565	—	12 434 263	84
1886/87	12 434 263	84	1 197 398	01	11 965 368	25	23 202 234	08
1887/88	23 202 234	08	1 822 079	40	7 963 026	38	29 343 181	06
1888/89	29 343 181	06	1 673 362	35	9 343 413	65	37 013 232	36
1889/90	37 013 232	36	3 535 180	25	10 140 984	43	43 619 036	54
1890/91	43 619 036	54	2 528 618	36	10 335 524	64	51 425 942	82
1891/92	51 425 942	82	3 189 876	64	11 342 891	99	59 578 958	17
1892/93	59 578 958	17	3 636 775	04	18 210 196	86	74 152 379	99
1893/94	74 152 379	99	2 312 710	67	20 053 249	85	91 892 919	17
1894/95	91 892 919	17	4 935 164	08	20 652 067	47	107 609 822	56
1895/96	107 609 822	56	4 719 850	56	26 868 979	59	129 758 951	59
1896/97	129 758 951	59	7 609 310	81	26 107 786	90	148 257 427	68
1897/98	148 257 427	68	6 732 600	69	28 347 862	—	169 872 688	99
1898/99	169 872 688	99	6 840 924	61	23 390 625	99	186 422 390	37
1899	186 422 390	37	7 976 032	48	26 710 797	91	205 157 155	80
1900	205 157 155	80	5 290 124	63	27 649 699	45	227 516 730	62
1901	227 516 730	62	6 628 654	63	31 022 626	76	251 910 702	75
1902	251 910 702	75	9 719 628	22	56 294 907	06	298 485 981	59
1903	298 485 981	59	8 565 736	26	41 106 374	34	331 026 619	67
1904	331 026 619	67	11 078 814	65	37 984 140	89	357 931 945	91
1905	357 931 945	91	11 695 623	62	43 221 110	39	389 457 432	68
1906	389 457 432	68	10 351 091	04	25 909 557	34	405 015 898	98
1907	405 015 898	98	11 220 042	82	36 872 323	79	430 668 179	95
1908	430 668 179	95	11 313 441	39	35 164 587	83	454 519 326	39
1909	454 519 326	39	12 354 343	22	45 618 312	14	487 783 295	31
			158 863 333	55	636 812 980	90		

Welche Bedeutung die Tätigkeit der Landesbank auf dem Gebiete des Korporations- und Hypothekarkredits hat, erhellt schon aus der zahlenmäßigen Darstellung der Entwicklung dieser Tätigkeit. Bei ihrer Gründung 1888 übernahm die Bank einen Gesamtdarlehensbestand von etwas mehr als 23 Millionen Mark, im Geschäftsjahr 1895/96 wurden die ersten hundert Millionen Mark an ausstehenden Darlehen, 1900/01 die zweiten hundert Millionen überschritten; gegenwärtig (September 1910) hat die Bank bereits einen Darlehensbestand von einer halben Milliarde erreicht. Die Art, wie die Landesbank sich die zu dieser Kreditgewährung erforderlichen enormen Mittel beschafft, wurde schon besprochen; ist es in Zeiten einer starken Verteuerung des Geldes der Bank nicht möglich, alle bei ihr eingehenden Darlehensgesuche von Grundbesitzern und Korporationen zu befriedigen, so muß sie zuerst den Gesuchen um Bewilligung ländlicher Hypotheken, dann denen um Korporationsdarlehen entsprechen, erst danach dürfen städtische Hypotheken gewährt werden;

doch treten tatsächlich oft gerade ländliche Kreditnehmer, bei denen es sich vielfach um Konversion höher verzinslicher Forderungen handelt, in solchen Zeiten mit hohem Zinsfuß eine Zeit lang mit ihren Darlehensgesuchen zurück.

Die Landesbank als Korporationskreditinstitut.

Schon die Rheinische Provinzialhilfskasse hatte sich nach dem Muster der Westfälischen Hilfskasse in besonderem Maße der Pflege des Korporationskredits gewidmet. Der Kreis der in Betracht kommenden Korporationen war durch das Statut kaum begrenzt: die Kasse durfte Darlehen an die Provinz und deren Institute, an Gemeinden, sowie „an Korporationen und vom Staat genehmigte gemeinnützige Anstalten" gewähren, also auch an Korporationen ohne öffentlich-rechtlichen Charakter und ohne das Recht, Umlagen im Wege des Zwangsverfahrens beizutreiben. Auch Erwerbs- und Wirtschaftsgenossenschaften sollten nach besonderer Erklärung des Provinziallandtags [1] solche Korporationsdarlehen erhalten können. Ähnlich begrenzte auch das Statut der Landesbank die Kreditgewährung an Korporationen: abgesehen von den schon besprochenen Darlehen an die Provinz und ihre Institute sind solche an Kreise, Zivil- und Kirchengemeinden sowie an Korporationen, gemeinnützige Anstalten, Kreditgenossenschaften und Verbände zulässig. Doch wird unter diesen verschiedenartigen Korporationen mit Rücksicht auf die Sicherheit des Darlehens ein Unterschied gemacht: im allgemeinen werden Darlehen an Kreise, Zivil- und Kirchengemeinden lediglich gegen Schuldschein ohne besondere Hypothek oder andere Sicherung gegeben, nur ausnahmsweise wird bei Kirchengemeinden mit besonders hohen Umlagen eine besondere Sicherheitsleistung, etwa durch Verpfändung des Pfarrhauses, erfordert. Die übrigen Korporationen, Genossenschaften und Verbände müssen umgekehrt der Regel nach genau so wie Private für ihnen zu gewährende Darlehen eine besondere Sicherheit durch Bestellung einer Hypothek gewähren; bei ihnen kann nur in Ausnahmefällen, besonders bei öffentlich-rechtlichen Korporationen, wie z. B. den selbständigen Schulverbänden, auf Grund eines besonderen Beschlusses des Kuratoriums von einer solchen Hypothekenbestellung abgesehen werden [2], Ende 1909 z. B. waren rund 90 % der Gesamtsumme solcher Darlehen hypothekarisch gesichert.

Die Inanspruchnahme eines langfristigen Kredits in irgendeiner Form ist für die Korporationen und Kommunen das gewöhnliche Mittel zur Deckung eines außerordentlichen

---

[1] Verh. des 20. Pr.-Landtags 1871.
[2] Statut § 8 a. f.

Finanzbedarfs, wie er für sie durch solche Ausgaben entsteht, welche nicht regelmäßig in kürzerem oder längerem Zeitraum wiederzukehren pflegen und die eine einmalige finanzielle Belastung darstellen, die weit über die gewöhnliche Leistungsfähigkeit der betreffenden Körperschaft auf Grund ihrer ordentlichen Einnahmen hinausgeht. Die zweite Hälfte des neunzehnten Jahrhunderts hat gerade in der Rheinprovinz mit ihrer starken Bevölkerungszunahme immer mehr solcher außerordentlicher finanzieller Ansprüche an die Korporationen und besonders die Kommunen gestellt. Es sei nur an einige der große Kapitalmittel beanspruchenden Aufgaben erinnert, wie die Anlage moderner Kanalisationen, Wasserwerke und Wasserleitungen, Beleuchtungsanlagen, die Errichtung von Schulbauten und Krankenhäusern, ferner den Bau der Talsperren, neuerdings auch die Errichtung elektrischer Überlandzentralen. Alles dies sind Aufgaben, die nicht nur an die großen Kommunen, sondern auch in immer steigendem Maße an die kleineren Städte und Landgemeinden mit ihren finanziellen Ansprüchen herantreten; Aufgaben, deren Größe die starke Zunahme der Inanspruchnahme des Kommunalkredits in den letzten Jahrzehnten begreifen läßt.

Die Form eines solchen langfristigen Kredits muß möglichst der wirtschaftlichen Natur und finanziellen Leistungsfähigkeit der ihn in Anspruch nehmenden Korporationen entsprechen; er muß, dies ist das wichtigste Erfordernis, von seiten der Gläubiger unkündbar sein. Einmal, weil eine plötzliche Kündigung einer solchen Anleihe die betreffende Korporation oder Kommune, der gewöhnlich kein entsprechendes, sofort zu realisierendes Vermögen zur Verfügung steht, wegen der anderweitigen Beschaffung dieser Mittel in große Schwierigkeiten bringen würde; sodann auch deshalb, weil es im Interesse der Durchführung eines geordneten Finanzplanes der Korporationen liegt, mit möglichst festen Ausgabeposten und entsprechend mit einem gleich bleibenden Zinsfuß rechnen zu können. Notwendige Ergänzung dieser Unkündbarkeit des Korporationskredits ist seine Tilgbarkeit: ist in der Regel eine Rückzahlung der ganzen Anleihe auf einmal für die Korporation ausgeschlossen, so muß ihr die Möglichkeit gegeben sein, die Anleihe durch regelmäßige Tilgung allmählich abzutragen. Zweckmäßiger Weise wird sich diese Tilgung mit der Verzinsung in der Weise verbinden, daß die Zinsen der schon getilgten Anleihebeträge weiterhin zur Verstärkung der Tilgung benutzt werden. Diese Art der Amortisation hat neben dem Vorteil einer schnelleren Tilgung der Schuld für die Korporation die Annehmlichkeit, daß der Haushaltsplan alljährlich mit der gleichen Summe für Zins und Amortisation belastet wird.

Eine Möglichkeit, diesen langfristigen Kredit sich zu

beschaffen, bietet sich den Korporationen in doppelter Form: sie können sich entweder mit der Ausgabe von Inhaberobligationen an den allgemeinen Kapitalmarkt wenden oder sie können sich das erforderliche Kapital in der Form des Darlehens von einzelnen Geldgebern beschaffen. Der erste Weg — Anleiheaufnahme durch Ausgabe von Obligationen — ist im allgemeinen nur für große und weiterhin bekannte Korporationen mit starkem Kapitalbedarf gangbar, in der Regel nur für die großen und mittleren Städte. Für kleinere Kommunen und sonstige Korporationen hingegen kommt die Obligationenausgabe kaum in Betracht. Ihnen fehlt schon der für die Ausgabe von Inhaberpapieren erforderliche allgemeine Kredit; sodann ist meistens ihr Kapitalbedarf auch nicht groß genug, um die Aufnahme einer Anleihe durch Obligationenausgabe überhaupt möglich zu machen. Eine solche würde auch unter besonders günstigen Umständen doch einen Kapitalbedarf von mindestens etwa 300—500000 Mk. voraussetzen; allein die Kosten der Emission und Plazierung der Anleihe würden sonst viel zu groß werden: dazu kommt, daß selbstverständlich „ein Inhaberpapier als solches seinen Zweck auf dem Geldmarkte nur dann erfüllen kann, wenn es in größeren Mengen vorhanden ist und infolgedessen auf dem Markt regelmäßig gehandelt wird"[1].

Der zweite Weg, den die Korporationen zur Deckung ihres Kreditbedarfs einschlagen können, besteht in der Aufnahme von Darlehen bei einzelnen Geldgebern. Von solchen Geldinstituten — Bankiers und andere Privatpersonen spielen als Geldgeber für Kommunen und sonstige Körperschaften nur eine ganz untergeordnete Rolle — widmen sich zwei verschiedene Gruppen der Pflege des Korporationskredits: Es sind dies erstens solche Institute, welche die aus ihren übrigen bestimmungsgemäßen Geschäften sich bei ihnen ansammelnden Kapitalien zu mehr oder weniger großem Teile in Korporationsdarlehen anzulegen pflegen. Die wichtigsten Geldgeber dieser Art in der Rheinprovinz sind die öffentlichen Sparkassen, dann die Anstalten der Sozialversicherung, besonders die Landesversicherungsanstalten, ferner private Versicherungsanstalten wie sonstige Anstalten und Vermögensverwaltungen. Die von diesen Instituten in Korporationsdarlehen angelegten Kapitalien sind recht bedeutend; die preußischen Sparkassen haben z. B. etwas mehr als 11 % des gesamten von ihnen zinsbar angelegten Vermögens bei „öffentlichen Instituten und Korporationen" untergebracht. Freilich können gerade die Sparkassen den Erfordernissen eines gesunden Korporationskredits insofern nicht vollkommen ent-

---

[1] v. Kaufmann, Die Kommunalfinanzen. Bd. II. S. 446.

sprechen, als sie mit Rücksicht auf ihre Liquidität in Krisenzeiten nicht unkündbare Darlehen geben dürfen. Doch tritt dies Bedenken deshalb ganz zurück, weil die Sparkassen nur im äußersten Notfalle zur Kündigung dieser Korporations- und Kommunaldarlehen, von denen zudem ein großer Teil an die eigene Garantiegemeinde gewährt ist, schreiten werden; tatsächlich werden diese Darlehen im Grunde ohne Kündigungsrecht der Sparkassen und mit festem Zinsfuß gegeben.

Ist bei diesen verschiedenen Instituten die Gewährung von Korporationskredit nur eine sekundäre Funktion neben ihren eigentlichen Aufgaben, so kommen weiterhin als Geldgeber für die Korporationen auch solche Bankanstalten in Betracht, zu deren besonderen Geschäften die Pflege dieser Kreditart gehört und deren Organisation dieser Bestimmung besonders angepaßt ist. Solche Institute sind vor allem die Hypothekenbanken; § 5 des Hypothekenbankgesetzes gestattet ihnen die Gewährung nicht-hypothekarischer Darlehen an inländische Körperschaften des öffentlichen Rechts oder gegen Übernahme der vollen Gewährleistung durch eine solche Körperschaft und die Ausgabe von Schuldverschreibungen auf Grund dieser Darlehen. Es hat sich jedoch nur ein kleiner Teil der Hypothekenbanken diesem Geschäftszweig sowie der ihnen ebenfalls gestatteten Gewährung von Kleinbahndarlehen zugewandt; die Gesamtsumme der von den deutschen, unter das Hypothekenbankgesetz fallenden Hypothekenbanken ausgegebenen Kommunal- und Kleinbahnobligationen belief sich Ende 1909 nur auf etwa 354 Millionen Mark. Neben den Hypothekenbanken ist sodann in der Rheinprovinz als besonders organisiertes Korporationskreditinstitut die Landesbank tätig, deren Tätigkeit auf diesem Gebiete insofern weiter begrenzt ist als die der Hypothekenbanken, als sie, allerdings nur in geringem Umfang, Darlehen an nicht öffentlich-rechtliche Körperschaften gewährt. Beide, die Hypothekenaktienbanken wie die Landesbank, können den von ihnen gewährten Kredit ganz den Bedürfnissen der Korporationen anpassen. Sie verschaffen sich beide die erforderlichen Kapitalien durch Ausgabe für den Inhaber unkündbarer, festverzinslicher Obligationen, sie können daher auch ihrerseits unkündbare Darlehen mit festem Zinsfuß ausgeben; ihr großer Geschäftsbetrieb gestattet ihnen zudem, jede nach den wirtschaftlichen und finanziellen Verhältnissen der Korporationen wünschenswerte Amortisation zuzulassen. Anderseits wird ihnen die Konkurrenz mit den Sparkassen, Versicherungsanstalten und sonstigen Instituten dadurch sehr erschwert, daß ihre Kapitalbeschaffung durch die Einführung der Talonsteuer auf Aktien und Pfandbriefe sowie die Erhöhung des Emissionsstempels auf die Pfandbriefe und

Obligationen von 2% auf 5% neuerdings bedeutend verteuert ist.

Trotz der starken Konkurrenz von den verschiedensten Seiten her ist die Bedeutung der Landesbank als Kreditgeberin für die Kommunen und Korporationen der Rheinprovinz eine recht große. Sie hatte
am 31. März 1899 Mk. 109 912 848,59
am 31. März 1904 Mk. 196 739 199,37
am 31. März 1910 Mk. 298 546 932,16
an solchen Korporationsdarlehen, einschließlich der Darlehen an die Provinzialverwaltung und auf Kleinbahnen, ausstehen. Die am Ende des Geschäftsjahres 1910 ausstehenden Korporationsdarlehen machen also etwa 60% der gesamten Landesbankdarlehen aus; im einzelnen waren davon

42	Darlehen	an die Provinzialverwaltung mit	35 718 085,48 Mk.
57	„	„ Kreise	„ 8 658 371,29 „
1920	„	„ Zivilgemeinden	„ 108 487 474,62 „
924	„	„ Kirchengemeinden	„ 36 198 607,23 „
518	„	„ sonstige Korporationen	„ 34 557 002,18 „
116	„	auf Kleinbahnen	„ 66 545 132,11 „
44	„	an Talsperren-Genossenschaften und die bei denselben beteiligten Kreise	„ 8 382 259 25 „

gewährt. Der Anteil, den diese Landesbankdarlehen von dem Gesamtbetrag der Anleiheschulden ausmachen, ist bei den einzelnen Arten von Korporationen sehr verschieden. Von der Provinzialverwaltung selbst werden, wie schon besprochen, Darlehen nur bei der Landesbank aufgenommen; auch für die Landkreise der Rheinprovinz, von denen keiner selbständig Inhaberschuldverschreibungen ausgegeben hat, ist die Landesbank der bei weitem wichtigste Geldgeber: von den am 31. März 1904 noch vorhandenen, langfristigen Anleiheschulden der Landkreise der Rheinprovinz[1] waren gut 70% durch die Landesbank beschafft, etwa 14% durch eigene Kreis-, 4,5% durch fremde Sparkassen, kaum 7½% entfielen auf die Hypothekenbanken; im Gegensatz zur Rheinprovinz waren von den Anleihekapitalien sämtlicher preußischer Landkreise noch nicht ganz 20% durch die Kreditanstalten der Provinzial- oder Bezirksverbände vermittelt. Wieviel Prozent ihrer gesamten Schulden die kleineren Zivilgemeinden — Städte mit 25 000 oder weniger Einwohnern sowie Landgemeinden — und die Kirchengemeinden bei der Landesbank aufgenommen haben, ist nicht festzustellen. Doch ist die Landesbank, die grundsätzlich ihren Kredit in erster Linie kleineren und leistungs-

---

[1] Tetzlaff, „Die langfristigen Anleiheschulden der preuß. Landkreise" i. d. Zeitschrift d. K. Preuß. Statist. Landesamts. 48. Jhrg. 1908

schwachen Kommunen zur Verfügung stellt, mit den gut
50 Millionen Mark, die sie Ende März 1908 an kleinere Städte
und Landgemeinden ausstehen hatte, und den Ende März 1910
36 Millionen betragenden Darlehen an Kirchengemeinden wohl
neben den öffentlichen Sparkassen der weitaus wichtigste Geldgeber für diese.

Sehr viel geringer ist die Bedeutung der Landesbank für
den langfristigen Anleihekredit der größeren Städte der Provinz.
Am 1. April 1908 beliefen sich die Schulden der rheinischen
Städte mit mehr als 25000 Einwohnern insgesamt auf etwa
715 Millionen Mark. Es waren noch nicht 43 Millionen, also nur
etwa 6%[1] davon, bei der Landesbank aufgenommen, während
rund 72% durch Emission von Inhaberobligationen und fast
10% von Sparkassen beschafft waren. Immerhin sind aber
die Summen, welche die Landesbank an die größeren Städte
ausgeliehen hat, absolut recht beträchtlich; im Jahrzehnt
1897—1907 gab die Landesbank an die Städte mit mehr
als 25000 Einwohnern Darlehen im Gesamtbetrage von
17879734,00 Mk.[2]. Vor allem haben auch die großen Städte
der Provinz mit einer Einwohnerzahl von mehr als 50000
Menschen die doch recht bedeutende Summe von insgesamt 63248648,90 Mk[3] bis zum 1. April 1909 von der
Landesbank erhalten, die beiden großen Landgemeinden mit
über 50000 Einwohnern, Hamborn und Borbeck, zusammen
3314000 Mk. Dazu kommt noch, daß die Landesbank
neben langfristigen Darlehen gerade den größeren Städten
auch kurzfristige Vorschüsse für vorübergehenden Geldbedarf
gewährt, besonders in solchen Fällen, wo eine geplante
Emission zur Zeit noch nicht bewerkstelligt oder nicht angängig ist.

Die Frage, ob und wie weit auch den größeren Städten
von der Landesbank langfristiger Kredit gewährt werden
solle, kam im Jahre 1895 im Provinziallandtag[4] zu einer
prinzipiellen Erörterung; den Anlaß bot die von manchen Seiten
gerügte Bewilligung eines Darlehens von 12,8 Millionen Mk.
an die Stadt Elberfeld. Man kam damals zu dem Ergebnis,
daß solch beträchtliche Summen großen Städten, die selbst
Obligationen ausgeben können, nur ausnahmsweise zugestanden
werden sollen, wenn infolge großer Geldflüssigkeit die Bank
in ihrer Haupttätigkeit, auf dem Gebiete der Darlehensgewährung an kleinere Korporationen, dadurch nicht gehemmt
würde. Auch dürfe durch einen solchen Geschäftsgebrauch die

---

[1] Diese Angaben sind berechnet nach Silbergleit, Preußens Städte. S. 498/99.
[2] Berechnet auf Grund von Materialien des Herrn Privatdozenten Dr. Most.
[3] Nach besonderer Angabe der Landesbank.
[4] Verh. des 39. Pr.-Landtags. Sten. Berichte, 3. Sitzg. v. 8./5. 1895.

Summe der ausgegebenen Rheinprovinzobligationen nicht derart erhöht werden, daß eine Erneuerung des Emissionsprivilegs bei der Staatsregierung auf Schwierigkeiten stoßen könnte, eine Befürchtung, die allerdings seit der Verleihung des allgemeinen Emissionsprivilegs bedeutungslos geworden ist.

Wenn freilich trotz der besonderen Pflege der Kreditgewährung an kleine und leistungsschwache Gemeinden die Landesbank doch noch lange nicht, wie der Referent im Provinziallandtag[1] einmal optimistisch sagte, zu einer „Zentralstelle ... für die Kommunaldarlehen aller kleinen und mittleren Städte und Gemeinden unserer Provinz" geworden ist, so liegt das an der gerade beim Korporationskredit starken Konkurrenz der verschiedenen Geldgeber. Zumal seit der Erhöhung der Stempel- und der Einführung der Talonsteuer läßt diese Konkurrenz der Landesbank, wie auch den Hypothekenbanken, bei den Kommunaldarlehen oft nur ganz minimale Gewinne. Auch einer „Kommunalkreditbank", wie sie nach manchen Vorschlägen und Plänen seit Beginn dieses Jahres eifrig gefordert wird, würde es nicht möglich sein[2], die zahlreichen sonstigen Geldgeber zu verdrängen und so den ersten Schritt zu einer Zentralisierung des gesamten deutschen Kommunalkredits zu tun. Aber auch wenn man annimmt, die erstrebte Zentralisierung wäre schließlich erreicht, so erscheint es noch sehr fraglich, ob überhaupt die mittleren und kleinen Kommunen — nur für diese, nicht für die großen Städte kann ja eine Besserung erwartet werden — bei einem solchen Institut erheblich billiger Kredit erhalten würden als heute, wo ihnen ein Ausspielen der sich vielfach anbietenden Geldgeber gegeneinander möglich ist. Abgesehen davon, daß die Emission der mündelsicheren Obligationen der geplanten Kommunalkreditbank, wenigstens in den ersten Jahren der Einführung, den Kurs der Rheinprovinzobligationen wie sonstiger Kommunalpapiere und Pfandbriefe drücken würde, braucht die Landesbank wegen ihres geringen finanziellen Interesses an Kommunalkreditgeschäften die Konkurrenz einer solchen Bank jedenfalls nicht zu fürchten. Gibt sie doch vielfach diese Darlehen nicht im Hinblick auf einen, wenn auch nur geringen finanziellen Gewinn, sondern aus wirtschafts-politischen Bestrebungen in Erfüllung der den Provinzen obliegenden Aufgaben, oft sogar ohne jeden Gewinn für die Bank.

Eine erste Gruppe solcher besonderer Korporationsdarlehen sind die seit 1903 von der Landesbank an Kreise, Kommunen und auch sonstige Korporationen „zur Förderung

---

[1] Verh. des 43. Pr.-Landtags. Stenogr. Ber. 5. Sitzg. 14./2. 1903.
[2] S. zur Frage der Kommunalbank u. a. auch: „Die Bank", Mai 1910. Köln. Zeitung 1910. Nr. 267 u. a.

kommunaler Wasserversorgungsanlagen" gewährten Darlehen. Maßgebend für die Aufnahme dieser Spezialität war neben dem allgemeinen hygienischen und wirtschaftlichen Interesse auch die finanzielle Bedeutung der Feuerlöschbereitschaft für die Provinzialfeuerversicherungsanstalt; auch hat diese selbst sowie die Landesversicherungsanstalt „Rheinprovinz" vielfach den Bau von Wasserleitungen durch Darlehen unterstützt. Von der Landesbank wurden seit Januar 1903 bis zum 31. März 1909 im Ganzen 151 solcher Darlehen gegeben mit einem Gesamtbetrage von 5 916 000,— Mk.; davon wurden 82 Darlehen mit einem Betrage von 1 211 200,— Mk. an leistungsschwache Gemeinden zu besonderen Vorzugsbedingungen gewährt.

Von Bedeutung sind ferner die von der Landesbank an Talsperrengenossenschaften und die bei denselben beteiligten Kreise ausgegebenen Darlehen; von solchen standen am 31. März 1910 44 aus mit einer Summe von etwas mehr als 8 Millionen Mk. Ähnliche außerordentliche finanzielle Ansprüche wie der Bau von Talsperren werden in der nächsten Zukunft die vielfach geplanten „Überlandzentralen" zur Versorgung ländlicher Kreise mit elektrischem Strom zu Licht- und Kraftzwecken an die Landkreise stellen; auch zur Förderung dieser Aufgaben hat die Landesbank ihre finanzielle Unterstützung durch Gewährung von Darlehen zu günstigen Bedingungen im letzten Provinziallandtag zugesagt[1].

Besondere Pflege seitens der Landesbank hat die Gewährung von Darlehen zur Unterstützung der Herstellung von Kleinbahnen gefunden. Das Kleinbahngesetz vom 28. Juli 1892 hatte den Provinzen die Förderung des Baues von Kleinbahnen durch die Fonds und Kapitalien gestattet, welche den Provinzialverbänden zu anderen Zwecken durch mehrere Gesetze, insbesondere durch das Dotationsgesetz von 1875, überwiesen waren. Auf Grund der Verhandlungen des 37. Provinziallandtages im Jahre 1892 beschloß die Provinzialverwaltung, das Kleinbahnwesen nicht durch direkte Beteiligung der Provinz, sondern nur durch finanzielle Unterstützung zu fördern. Es wurde im Jahre 1894 ein besonderer „Kleinbahnfonds" gegründet in Höhe von 12 Millionen Mk, der später mehrfach, zuletzt 1909 auf 32 Millionen Mk. erhöht wurde; aus diesem Fonds werden besonders billige Darlehen an kommunale oder von Kommunen garantierte Kleinbahnunternehmungen gewährt. Zur Zeit sind für diese Darlehen die gleichen Zinsen und Kosten wie bei ländlichen Hypothekardarlehen an die Landesbank zu zahlen, wovon indessen die Provinz selbst $1/2 \%$ zuschießt. Außerdem er-

---

[1] Verh. des 50. Pr.-Landtags. Sten. Ber. 4. Sitzung v. 10./3. 1910.

halten auch private Kleinbahnunternehmungen zu ihrer Herstellung und Ausrüstung Darlehen aus den Mitteln der Landesbank zu besonderen, aber nicht ebenso günstigen Bedingungen. Diese Darlehenstätigkeit, die übrigens der den Hypothekenbanken durch § 5, Z. 3 des Hypothekenbankgesetzes gestatteten Beleihung inländischer Kleinbahnunternehmungen entspricht, hat einen recht erheblichen Umfang angenommen: Ende 1909 standen 57 Darlehen aus dem Kleinbahnfonds mit 23,5 Millionen Mark, sowie 59 sonstige Kleinbahndarlehen mit fast 43 Millionen Mark aus; doch ist die Unterstützung der Landesbank in der Hauptsache nicht, wie man beabsichtigt hatte, der Förderung des Kleinbahnbaues in den ärmeren südlichen Gegenden der Provinz, sondern vor allem in den reicheren, industriellen Kreisen zugute gekommen, wo freilich auch das Bedürfnis nach solchen Kleinbahnen ein viel größeres als in den mehr ländlichen Kreisen ist.

Die Landesbank als Hypothekarkreditinstitut für den städtischen Grundbesitz.

Die Darlehenstätigkeit der Landesbank umfaßt neben diesem Korporationskredit die Gewährung hypothekarischer Darlehen an Grundbesitzer in der Rheinprovinz. Das Statut[1] der Landesbank sieht freilich die Gewährung langfristiger Darlehen an Grundbesitzer auch gegen sonstige Sicherheiten vor: eine solche kann — sei es zur Ergänzung eines hypothekarischen Darlehens oder sogar als einzige Sicherung — durch Verpfändung mündelsicherer Wertpapiere, „ausnahmsweise und bei geringen Darlehen" durch ausreichende Solidarbürgschaft bestellt werden. Tatsächlich werden aber solche Darlehen in der Regel nur auf kurze Zeit gegeben; gewöhnlich — Darlehen gegen Bürgschaft sogar ausschließlich[2] — zu dem Zwecke, einem Grundbesitzer, der bei der Landesbank ein Hypothekardarlehen nachsucht, einstweilen schon das erforderliche Kapital zu beschaffen, bis die oft umständliche Bestellung einer Hypothek für die Landesbank erfolgt ist.

Die Gesamtsumme, der von Grundbesitzern aufgenommenen, noch nicht getilgten Hypotheken macht ungefähr $^2/_5$ des gesamten Darlehensbestandes der Landesbank aus. Am 31. März 1904 standen etwa 134 Millionen Mark, Ende März 1910 rund 190 Millionen Mark an Hypothekardarlehen aus. Nach ihrer volkswirtschaftlichen Bedeutung muß man unter diesen zwei Gruppen unterscheiden: Beleihungen städtischen und Beleihungen ländlichen Grundbesitzes. Etwa $^2/_3$ des

---
[1] § 8 III.
[2] Siehe auch Verh. des 30. Pr.-Landtags 1884 Anhang 3. Anlage B.

zur Zeit ausstehenden Gesamtbetrages von Hypothekardarlehen an Private sind ländliche, kaum ein Drittel städtische Hypotheken. Der Provinzialhilfskasse war ursprünglich die Beleihung städtischer Grundstücke nur insoweit gestattet gewesen [1], als es sich um „Unternehmer nützlicher Gewerbeanlagen, insonderheit solcher, die auf Einführung neuer Erwerbszweige berechnet sind", handelte; diese Kredite hatten nie einen wesentlichen Umfang angenommen. Erst 1885, zur Zeit der Reform des rheinischen Immobiliarrechts, wurde der Hilfskasse und ebenso 1888 der Landesbank allgemein die Gewährung von Hypothekarkredit an städtische Grundbesitzer gestattet. Doch standen am 31. März 1899 erst 669 Darlehen auf städtischem Grundbesitz mit 19 776 957,65 Mk., Ende 1904 1677 mit 38 510 662,45 Mk., gegenwärtig, Ende 1910, 2675 mit 60 870 172,17 Mk. aus. Die städtischen Hypotheken der Landesbank machen also nur einen verschwindend kleinen Teil der gesamten Beleihungen städtischen Grundbesitzes in der Rheinprovinz aus; eine viel wichtigere Rolle als die Landesbank spielen auf dem Hypothekenmarkte der rheinischen Städte die zahlreichen sonstigen Geldgeber, wie private Kapitalisten, Sparkassen, Versicherungsanstalten und -Gesellschaften, Hypothekenbanken und sonstige Institute.

Trotzdem ist die Tätigkeit der Landesbank als Kreditinstitut des städtischen Grundbesitzes von einem doppelten Gesichtspunkt aus von Bedeutung: Einmal insofern, als diese Tätigkeit mit dazu beiträgt, daß die Landesbank für die Provinzialverwaltung einen recht erheblichen Reingewinn erzielt. Die Emission der Rheinprovinzobligationen verschafft der Landesbank ein Betriebskapital, das im Vergleich zu dem der anderen Hypothekengeber gering zu verzinsen ist. Dies gilt insbesondere gegenüber den Hypothekenbanken, deren Hypotheken zwar meist, sei es durch etwas höheren Zinssatz, sei es durch große Provisionen, ziemlich teuer, jedoch für den städtischen Grundbesitz unentbehrlich sind. Das ermöglicht es der Landesbank, den Zinsfuß der von ihr ausgeliehenen Hypotheken in der Regel um etwa $^1/_{10} - ^1/_6 \%$ höher als den der Rheinprovinzobligationen festzusetzen und außerdem einen in seiner Höhe nach der Lage des Geldmarktes schwankenden Unkostenbeitrag von den städtischen Darlehensnehmern zu erheben.

Allerdings wird der Landesbank der Gewinn aus städtischen Hypotheken dadurch etwas erschwert, daß sie mit Rücksicht auf die Haftung des Provinzialverbandes und ihren Ruf als öffentliches Kreditinstitut bei der vielfach mit großem Risiko verbundenen Beleihung städtischer Grundstücke und Gebäude

---

[1] Statut der Provinzialhilfskasse vom 14./3. 1853. § 8 e.

zu größerer Zurückhaltung und Vorsicht gezwungen ist, als sie vielfach die anderen Geldgeber zeigen. Während sie sich sonst in ihren Bedingungen ziemlich genau nach den Geschäftsgewohnheiten der mit ihr konkurrierenden Hypothekenbanken richtet[1], wie diese ihre städtischen Hypotheken meist nur zur ersten Stelle und „auf zehn Jahre fest", d. h. beiderseits unkündbar gibt, je nach Wunsch des Darlehensnehmers mit oder ohne Tilgungszwang, übt sie Vorsicht in einer doppelten Beschränkung der Kreditgewährung. Einmal ist der Kreis der von der Landesbank zu beleihenden Objekte enger begrenzt als der anderer Hypothekengeber. Die Landesbank gibt keine Darlehen zu Spekulationszwecken; sie beleiht im allgemeinen keine Bauplätze, wie dies den Hypothekenbanken in beschränktem Umfang gestattet ist, sondern nur Gebäude mit zugehörigen Grundstücken in guter Lage mittlerer und größerer Städte; in ländlichen Orten werden Gebäude als Hauptpfand überhaupt nicht, sondern nur zur Ergänzung einer durch landwirtschaftliche Grundstücke zu bestellenden Sicherheit beliehen. Die Gebäude sollen regelmäßig Geschäfts- oder Wohnhäuser sein, andere Gebäude wie z. B. Fabriken werden nur ganz ausnahmsweise bei besonders günstiger Lage herangezogen.

Sodann ist für die Landesbank auch die Höhe der Beleihung besonders eng begrenzt. Dürfen z. B. die Hypothekenbanken[2] städtische Grundstücke und Gebäude bis zu drei Fünfteln des Verkaufswertes beleihen, so dürfen die städtischen Hypotheken der Landesbank die Hälfte des Wertes der verpfändeten Immobilien nicht übersteigen. Zugrunde gelegt wird der Taxe regelmäßig der „von zwei bekanntermaßen zuverlässigen Taxatoren" zu ermittelnde, „jederzeit in einer öffentlichen Versteigerung zu erzielende" Verkaufswert; daneben soll auch der jährliche Mietertrag oder Mietwert der Gebäude, sowie ihre eventuell von der Gemeinde zu Steuerzwecken vorgenommene Einschätzung nach dem gemeinen Wert oder dem Nutzungswert berücksichtigt werden. Ob freilich diese um ein Zehntel des Wertes niedrigere Beleihungsgrenze tatsächlich eine irgendwie bedeutendere Beschränkung der Beleihungen bewirkt, erscheint angesichts der Willkürlichkeit der Taxen etwas zweifelhaft. Es wird das letzten Endes ganz von der Sorgfalt und Vorsicht der Landesbank abhängen. Immerhin mag aber auf diese Beschränkung die auffallend geringe Durchschnittshöhe der städtischen Landesbankhypotheken mit zurückzuführen sein, die etwa 22000—23000 Mk. beträgt, während bei allen deutschen Hypothekenbanken die Höhe der ausstehenden Hypo-

---

[1] Vergl. hierzu den „Fragebogen für die Beleihung von Gebäuden."
[2] Hypothekenbankgesetz v. 13./7. 1899. § 11.

theken, einschließlich der ganz geringfügigen Ausleihungen auf ländliche Grundstücke, sich im Durchschnitt auf 45 300 M. stellt. Zum Teil ist diese hohe Ziffer bei den Hypothekenbanken allerdings auf ihre großen Ausleihungen auf Grundstücke und Gebäude in Berlin zurückzuführen. Aber auch speziell in den westlichen Provinzen sind die Ausleihungen der Hypothekenbanken im Durchschnitt wesentlich höher als die der Landesbank. Die in Rheinland und Westfalen ausstehenden fast nur städtischen Hypotheken der Rheinisch-Westfälischen Bodenkreditbank zu Köln z. B. hatten Ende 1909 eine durchschnittliche Höhe von etwa 38 000 Mk., während bei der Westdeutschen Bodenkreditanstalt zu Köln die gleichfalls zumeist städtischen Hypotheken in der Rheinprovinz eine solche von rund 39 000 Mk. hatten.

Zur Hauptsache ist indessen diese auffallend niedrige Höhe auf andere Gründe zurückzuführen. Sie ergibt sich zunächst schon aus der Geschäftsgewohnheit der Landesbank, keine Spekulations- und große Fabrikterrains, sondern nur Wohn- und Geschäftshäuser, vielfach gerade in mittleren Städten, zu beleihen. Sie hat sodann ihren Grund auch darin, daß die Landesbank aus sozialpolitischen Bestrebungen ihr Kapital in den Städten vielfach zur Beleihung kleinerer Wohnhäuser verwendet. Diese Förderung des Kleinwohnungsbaues gibt dem städtischen Hypothekengeschäft der Landesbank, soweit es nicht auf Erzielung von Betriebsüberschüssen für die Provinzialverwaltung gerichtet ist, seine besondere Bedeutung. So hat die Landesbank — darin vorbildlich für die Rheinprovinz — im Jahre 1894 die Fürsorge für den Bau von Eigenhäusern für den Arbeiterstand übernommen durch Beleihung von Arbeiterhäusern, die teils von Privatpersonen, teils von Baugenossenschaften errichtet wurden. Seit Anfang 1897 wurde diese Tätigkeit und die von der Bank bis dahin in Höhe von 1 031 916,00 Mk. ausgegebenen Hypothekardarlehen auf Grund eines Abkommens von der Landesversicherungsanstalt „Rheinprovinz" übernommen. In ähnlicher Weise gewährt die Landesbank nach dem Vorbild der Landesbank der Provinz Westfalen durch die Handwerkskammern zu vermittelnde Hypotheken an Handwerker zu Vorzugsbedingungen; doch dürfen diese Darlehen nicht zur Beleihung von Häusern dienen, die von Handwerkern lediglich zu Spekulationszwecken errichtet werden; in den beiden Geschäftsjahren 1907 und 1908 wurden zwölf solcher Handwerkerdarlehen im Betrage von etwa 112 000 Mk. bewilligt, also mit einem Durchschnittsbetrage von noch nicht 10 000 Mk.

Die Landesbank als ländliches Grundkreditinstitut.

Volkswirtschaftlich bedeutsamer als die Gewährung städtischen Hypothekarkredits ist die Tätigkeit der Landesbank als Institut für den ländlichen Grundkredit, dessen „bessere Organisation"[1] ja den Zweck ihrer Gründung bildete. Bei der Rheinischen Provinzialhilfskasse war freilich diese Tätigkeit ursprünglich sehr beschränkt gewesen: ihr Statut gestattete zunächst Darlehen an ländliche Grundbesitzer nur zu Kulturverbesserungen. Erst nach 1880, zur Zeit der Reform des rheinischen Immobiliarrechts und der Neugestaltung der Hilfskasse, entsprach man dem Bedürfnis nach Ausdehnung dieser Tätigkeit. Das neue Statut von 1881 ließ Gewährung von Hypotheken an Landwirte auch „zum Zwecke der Erhaltung des ererbten Grundbesitzes in der Familie" zu; in einem Statutennachtrag des Jahres 1885 wurde Darlehensgewährung an städtische wie ländliche Grundbesitzer „zur Verbesserung und Hebung ihrer wirtschaftlichen Lage im allgemeinen" gestattet; auch das Statut der Landesbank selbst kennt keine Beschränkung auf Beleihung ländlichen Grundbesitzes zu bestimmten Zwecken.

Tatsächlich pflegt auch die Inanspruchnahme des ländlichen Immobiliarkredits den verschiedensten Zwecken zu dienen. Er ist vor allem der gewöhnliche Weg zur Beschaffung von Investitionskredit, mag er zu Boden- und Kulturverbesserungen oder zu anderen auf Erhöhung des Ertrages gerichteten Kapitalinvestitionen bestimmt sein. Er dient ferner zur Beschaffung von Besitzkredit, sei es zum Erwerb des Gutes durch Kauf oder im Wege des Erbganges. Daneben wird der ländliche Grundkredit auch zur Deckung von einmaligen, besonderen Ausgaben benutzt, die nicht mit dem Wesen des landwirtschaftlichen Betriebes zusammenhängen, bisweilen auch zur Beschaffung oder Sicherstellung von Betriebskredit, dessen naturgemäße Form das Personaldarlehen ist. Abgesehen von dieser mißbräuchlichen Inanspruchnahme ist es Aufgabe des Hypothekarkredits, dem Landwirt Geld zu verschaffen für nicht regelmäßig wiederkehrende Ausgaben von solchem Umfang, daß ihre Deckung aus laufenden Erträgnissen oder sonstigen flüssigen Mitteln unmöglich ist.

Die Form des ländlichen Grundkredits muß sich dem anpassen. Aus den Erträgnissen des Grund und Bodens kann die Hypothek im Fall der Kündigung nicht zurückgezahlt werden; andere Möglichkeiten, sich das Kapital zu beschaffen, fehlen in der Regel dem Landwirt, dessen Vermögen meist

---

[1] Statut § 1.

ganz in dem Gute steckt. Soll ihm daher nicht jederzeit durch die Möglichkeit einer Kündigung seitens des Gläubigers die Gefahr der Zwangsveräußerung oder zum mindesten die der Zinsheraufsetzung drohen, so muß die Hypothek für den Gläubiger unkündbar sein. Zu dieser Unkündbarkeit tritt ergänzend als weiteres Erfordernis des ländlichen Immobiliarkredits das der Zwangsamortisation. Einmal kann diese unter Umständen das einzige Mittel sein, die Kapitalisten zur Gewährung ihrerseits unkündbarer Darlehen zu bewegen. Denn nur die zwangsweise Amortisation sichert ihnen die Rückzahlung ihres Kapitals und damit eine anderweitige Verfügung über dasselbe. Sodann ist die Zwangstilgung auch im Interesse des ländlichen Grundbesitzers selbst gelegen. Die Tilgung an sich bessert die Lage des Grundbesitzers freilich nicht. Ob er seine Schulden tilgt und dafür weniger Kapital ansammelt, oder — etwa bei Belastung des Gutes mit ewigen Renten — das an Tilgung Ersparte zinsbar anlegt und zu eventuellen späteren, besonderen Ausgaben verwendet, ist an sich gleichgültig. Die wirtschaftliche Bedeutung der Zwangstilgung liegt vielmehr darin, daß sie den Landwirt in einer für ihn oft kaum fühlbaren Art zwingt, von den Erträgnissen des Gutes einen Teil regelmäßig zu sparen und zur Entlastung des Bodens zu verwenden, sodaß für spätere außergewöhnliche Ausgaben die Beschaffung des Geldes durch neue Beleihung des Bodens sichergestellt ist. Die geeignetste Form der Amortisation ist die Tilgung der unkündbaren Hypotheken durch „Annuitäten", d. h. durch eine stets gleichbleibende jährliche Rente, welche außer der Verzinsung des Kapitals eine Amortisationsquote enthält, die sich alljährlich um den Betrag der durch die Tilgung ersparten Zinsen erhöht. Dieses System hat zwei Vorteile: einmal gestattet es dem Schuldner wie dem Gläubiger, in jedem Jahr mit den gleichen Beträgen zu rechnen, sodann sichert es durch das Anwachsen der Tilgungsquote ein immer schnelleres Fortschreiten der Tilgung.

Die Eigenart der mittel- und kleinbäuerlichen Verhältnisse bedingt neben diesen allgemeinen Erfordernissen noch eine Besonderheit des landwirtschaftlichen Bodenkredits. Der Landwirt muß den Kredit möglichst in seiner Nähe bekommen können; Darlehensgewährung oder wenigstens Darlehensvermittlung müssen nach Möglichkeit dezentralisiert sein. Das erfordern schon die persönlichen Eigenschaften des Bauern, dem meist die Initiative, oft auch die erforderliche Schulung fehlt, sich mit seinem Darlehensgesuch an ein entfernter gelegenes Kreditinstitut zu wenden, vielfach auch allem, was er nicht in greifbarer Nähe vor sich sieht, ein großes Mißtrauen entgegenbringt. Dezentralisation ist sodann nötig mit Rücksicht auf die Kosten der Darlehensaufnahme, die, je kleiner das Darlehen, desto mehr ins Gewicht fallen: nötig schließlich auch vom

Standpunkt des Kapitalgebers mit Rücksicht auf die Sicherheit des Darlehens: je weniger umfangreich das zu beleihende Gut, die zu belastenden Grundstücke, desto mehr hängt die Höhe der Erträgnisse, die Sicherheit, mit der sie eingehen, von den persönlichen Eigenschaften und Leistungen des Darlehensnehmers selbst ab, desto mehr tritt das persönliche Moment in den Vordergrund, das bis zu einem gewissen Grade fast in jedem Realkredit enthalten ist. Dies alles bedingt eine genaue Kenntnis der persönlichen Verhältnisse und Eigenschaften für die Bemessung der Höhe des Kredits, eine stete Fühlung zwischen Kreditgeber und Schuldner für die Fälle, wo besondere Verhältnisse die Stundung der Zins- und Tilgungsbeträge erforderlich machen.

Welche Kreditquellen stehen nun dem ländlichen Grundbesitzer in der Rheinprovinz zu Gebote und wie entsprechen sie diesen Erfordernissen eines gesunden ländlichen Grundkredits? Zwei nach der Person der Kreditgeber verschiedene Arten von Hypothekarkredit kommen dabei in Betracht: Privat- und Anstaltskredit[1]. Die Aufnahme von Hypotheken bei privaten Personen, die eine sichere, zinstragende Anlage für ihr Geld suchen, ist die ursprünglichste Art des ländlichen — wie auch des städtischen — Immobiliarkredits. Als Geldgeber kommen dabei für den Landwirt reichere Grundbesitzer, wie auch städtische Kapitalisten in Betracht, daneben auch juristische Personen, wie Kirchen, Stiftungen, Krankenhäuser. Vielfach wird die Beleihung durch Agenten, gerade im Rheinlande oft auch durch die Notare vermittelt. Solange in der Rheinprovinz unter der Herrschaft des französisch-rheinischen Rechts die Eigentums- und Verschuldungsverhältnisse des Grundbesitzes gerade auf dem Lande völlig unklar und unsicher waren, also etwa bis 1895, war diese Privathypothek beinahe die einzige Möglichkeit zur Erlangung ländlichen Grundkredits; nur ein einzelner konnte bei besonderer Kenntnis der Personen und der Verhältnisse und bei äußerst vorsichtiger Beleihung das damit verknüpfte Risiko eventuell auf sich nehmen; dem entsprach ein recht hoher Zinsfuß für ländliche Hypotheken. Auch heute noch ist ein großer, zahlenmäßig allerdings nicht zu erfassender Teil der ländlichen Hypotheken in der Rheinprovinz in der Form solcher Privathypotheken aufgenommen; vom Bauern werden sie vielfach schon aus dem Grunde bevorzugt, weil ihm dabei am leichtesten ein Geheimhalten seiner Schulden möglich erscheint. Doch kann tatsächlich diese Privathypothek durchaus nicht den Interessen des ländlichen Grundbesitzers entsprechen: sie kann regelmäßig weder für den Gläubiger un-

---

[1] So Philippovich, Grundriß. 2. Bd. 1. Teil. 4. Aufl. 1909. § 30.

kündbar noch für den Schuldner in kleinen Beträgen tilgbar sein. Denn der private Geldgeber wird sich stets die Möglichkeit wahren, über sein Kapital anderweitig zu verfügen oder wenigstens beim Anziehen des landesüblichen Zinsfußes auch seinerseits den Zins heraufzusetzen; eine alljährlich in kleinen Raten erfolgende Tilgung der Hypothek kann ihm, dem vor allem um sichere und dauernde Anlage seines Geldes zu tun ist, nur Unbequemlichkeiten, vielleicht sogar Verluste bringen.

Der Anstaltskredit, der neben dem Privatkredit für die Beleihung des landwirtschaftlichen Grundbesitzes in der Rheinprovinz in Betracht kommt, ist nach der Art der ihn gewährenden Institute wiederum ein zweifacher: er wird teils von solchen Anstalten gegeben, für welche die hypothekarische Ausleihung nur ein Mittel ist, um eine günstige Anlage der aus ihrer Haupttätigkeit bei ihnen sich ansammelnden Kapitalien zu ermöglichen, den sogenannten [1]: „unvollkommen organisierten Bodenkreditinstituten"; teils von solchen, deren ganze Einrichtung zum Zwecke der Gewährung von Hypothekarkredit erfolgt ist, den „vollkommen organisierten Bodenkreditinstituten". Unter den ersteren spielen in der Rheinprovinz für den ländlichen Grundbesitz neben manchen anderen Instituten, wie Versicherungsanstalten, die bei weitem wichtigste Rolle die Sparkassen. Eine genaue statistische Nachweisung über den Betrag und die örtliche Verteilung der insgesamt von Sparkassen auf ländliche Grundstücke in der Rheinprovinz ausgeliehenen Hypotheken ist allerdings nicht möglich. Doch geben immerhin ein annäherndes Bild die Summen, welche die Sparkassen der Rheinprovinz auf ländliche Grundstücke ausgeliehen haben[2], da gerade im ländlichen Hypothekengeschäft die Kassen sich, wenigstens in der Regel, auf Ausleihungen in ihrer näheren Umgebung beschränken. Im Vergleich zu ihrem Einlagebestand von mehr als anderthalb Milliarden Mark ist die Summe von 199 998 281,84 Mk., welche im Jahre 1907 die rheinischen Sparkassen insgesamt auf ländliche Grundstücke ausgeliehen haben, nicht sehr beträchtlich; sie macht nur 11,58 % ihrer zinsbar angelegten Kapitalien aus gegen 21,38 % entsprechend angelegter Gelder bei allen preußischen Sparkassen.

Am meisten pflegen die Beleihung ländlicher Grundstücke von den rheinischen Sparkassen die großen Sparkassen der Landkreise, deren Interesse sich naturgemäß gerade dieser Tätigkeit zuwendet. Auf sie entfällt mit 100 Millionen Mark gut die Hälfte der gesamten ländlichen Hypotheken, eine Summe, die fast ein Viertel ihres Einlagebestandes ausmacht.

---

[1] Buchenberger, Bd. II. § 123.
[2] Vergl. Tabelle S. 61.

Tabelle IV.

	Rheinprovinz	Reg.-Bez. Koblenz	Reg.-Bez. Düsseldorf	Reg.-Bez. Köln	Reg.-Bez. Trier	Reg.-Bez. Aachen
	\multicolumn{6}{c}{I. Zahl der Sparkassen:}					
1	252	24	171	27	17	13
2	88	9	63	12	2	2
3	72	2	60	7	3	—
4	48	13	5	8	12	10
5	44	—	43	—	—	1
	ℳ	ℳ	ℳ	ℳ	ℳ	ℳ
	\multicolumn{6}{c}{II. Einlagebestand:}					
1	1 671 952 037,85	141 518 943,93	948 589 007,64	238 769 611,47	133 423 638,71	209 650 836,10
2	874 842 439,78	43 114 959,48	663 000 013,99	137 899 345,26	12 513 937,80	18 314 183,25
3	208 454 895,71	2 237 025,13	191 920 514,30	7 315 795,53	6 980 626,74	—
4	432 617 480,06	96 166 025,31	85 148 702,16	93 554 470,68	113 929 074,17	43 819 207,74
5	156 037 222,30	—	8 519 777,19	—	—	147 517 445,11
	ℳ	ℳ	ℳ	ℳ	ℳ	ℳ
	\multicolumn{6}{c}{III. Hypotheken auf ländliche Grundstücke:}					
1	199 998 281,84	31 460 671,96	79 425 497,35	28 471 847,43	44 408 411,26	16 231 853,84
2	44 308 627,26	3 180 073,14	35 497 600,71	4 960 374,25	402 600,00	267 979,16
3	50 573 401,34	1 661 265,57	40 200 522,87	3 688 620,02	5 022 992,88	—
4	100 673 707,09	26 619 333,25	3 727 373,77	19 822 853,16	38 982 818,38	11 521 328,53
5	4 442 546,15	—	—	—	—	4 442 546,15
	ℳ	ℳ	ℳ	ℳ	ℳ	ℳ
	\multicolumn{6}{c}{IV. Darunter Amortisationshypotheken:}					
1	68 140 035,34	13 570 007,46	18 139 992,26	5 119 489,53	23 279 468,88	8 031 077,21
2	10 351 628,62	516 276,33	8 810 607,30	1 024 744,99	402 600,00	—
3	17 919 168,37	1 585 265,57	9 232 384,96	2 401 676,28	4 699 841,56	—
4	39 858 017,20	11 468 465,56	97 000,00	1 693 068,26	18 579 627,32	8 019 856,06
5	11 221,15	—	—	—	—	11 221,15

1 = Sparkassen überhaupt, 2 = Städtische Sparkassen, 3 = Landgemeindesparkassen, 4 = Kreissparkassen, 5 = Privat- und Vereinssparkassen.
Zusammengestellt nach: G. Evert, „Die preußischen Sparkassen im Rechnungsjahr 1907", in der Zeitschrift des Königl. Preußischen Statistischen Landesamts. 49. Jahrgang 1909.

Nicht ganz 66 Millionen Mark, also etwa zwei Drittel davon, sind von den Kreissparkassen der südlichen Regierungsbezirke Trier und Koblenz ausgeliehen, in denen die Bedeutung dieser Sparkassen nach Zahl und Einlagebestand überhaupt eine überwiegende ist. Am wenigsten ländliche Hypotheken haben mit 3,7 Millionen Mark die vier Kreissparkassen des Düsseldorfer Regierungsbezirkes; für sie bieten die zahlreichen nahen Industriestädte vielfach bessere Anlagemöglichkeit. Wesentlich geringer ist die Bedeutung der Landgemeindesparkassen sowie der städtischen Sparkassen als Kreditgeber für den ländlichen Grundbesitz der Rheinprovinz; auf sie entfällt mit etwa 51 und 44 Millionen Mark ungefähr je ein Viertel der gesamten ländlichen Hypotheken. Zum größten Teil sind sie von den Sparkassen der Landgemeinden und der Städte im Regierungsbezirk Düsseldorf ausgeliehen, in dem diese beiden Arten von Sparkassen bei weitem die größte Ausdehnung unter den Regierungsbezirken der Rheinprovinz haben. Privatsparkassen kommen für die Befriedigung des ländlichen Realkreditbedürfnisses in der Rheinprovinz kaum in Betracht; nur die „Spar- und Prämienkasse zur Beförderung der Arbeitsamkeit im Regierungsbezirk Aachen", mit ihrer Einlagensumme von 147,5 Millionen Mark die größte preußische Sparkasse nach der „Städtischen Sparkasse zu Berlin", hat immerhin einen Bestand von fast 4 $^1/_2$ Millionen Mark an ländlichen Hypotheken.

Ähnlich wie private Geldgeber können auch die „unvollkommen organisierten Bodenkreditinstitute" in ihren Darlehensbedingungen den Erfordernissen des ländlichen Grundkredits nicht oder wenigstens nicht genügend entsprechen. Das gilt besonders von den Sparkassen. Sie dürfen mit Rücksicht auf ihre für jeden Fall zu wahrende Liquidität keinen unkündbaren Kredit gewähren. Allerdings sind gerade sichere Hypotheken erfahrungsgemäß bei den Sparkassen nur selten der Rückforderung ausgesetzt, aber das gilt nur für normale Zeiten, nicht für Krisen. Dazu bleibt für die Schuldner infolge der Kündbarkeit immer die Gefahr der Zinsheraufsetzung bestehen, wenn die Sparkassen den Zinsfuß ihrer Einlagen und entsprechend den ihrer ausgeliehenen Kapitalien erhöhen müssen[1].

Ein weiterer Nachteil dieses unvollkommen organisierten Hypothekarkredits liegt darin, daß gewöhnlich seine allmähliche Tilgung in kleinen Raten nicht zugelassen wird. Die meisten dieser Kreditanstalten, die nur ein Interesse an einer dauernden, guten Anlage ihrer Kapitalien haben, scheuen die Umständlichkeiten und Kosten, welche die Amortisation mit sich bringt. Bei den Sparkassen hat man diesem Übelstande dadurch Abhilfe zu schaffen gesucht, daß man ihnen die Ermächtigung gab[2], solche Amortisationshypotheken, allerdings unter Wahrung des Kündigungsrechtes der Sparkassen, zu gewähren, und sie zur Pflege dieser Kreditart besonders antrieb; auch wurde es ihnen zur Pflicht gemacht, die tilgbaren Hypotheken möglichst erst nach den gewöhn-

---

[1] Vergl. den Ministerialerlaß an die Landwirtschaftskammern von 1896, cit. in der „Zeitschrift des landwirtschaftlichen Vereins für Rheinpreußen", Jahrgang 64. 1896, Nr. 30. „Zur Organisation des ländlichen Kreditwesens."

[2] Min.-Erlasse vom 19./12. 1893 und vom 27./8. 1898.

lichen Hypotheken zu kündigen. In langsam steigendem Maße haben sich auch in den letzten Jahren die Sparkassen, besonders in den westlichen Provinzen, der Gewährung solcher Tilgungshypotheken zugewandt. Doch waren im Jahre 1907 im ganzen Staat erst gut ein Fünftel, in der Rheinprovinz ein Drittel der sämtlichen ländlichen Hypotheken der Sparkassen als Amortisationshypotheken ausgeliehen; besonders die Kreissparkassen in den Regierungsbezirken Koblenz und Trier haben einen verhältnismäßig großen Bestand tilgbarer Hypotheken.

Einen besonderen Vorzug haben allerdings die Sparkassen, der für die Beleihung des ländlichen Grundbesitzes gerade in der Rheinprovinz von besonderer Bedeutung ist. Sie sind Kreditinstitute von ausgesprochen lokalem Charakter, wenigstens auf dem Gebiete des ländlichen Immobiliarkredits; das ermöglicht ihnen eine genaue Kenntnis der landwirtschaftlichen Verhältnisse, der Grundstückspreise, der persönlichen Tüchtigkeit der Landwirte. Dazu kommt, daß auch durch die Annahme der Spareinlagen die Kassenverwaltung mit den Landwirten in enge Berührung kommt, einen Einblick in ihre wirtschaftlichen Verhältnisse und Bedürfnisse gewinnt, und dadurch besonderen Verhältnissen und Wünschen der Schuldner vielfach entsprechen kann.

Neben den Sparkassen haben in manchen Gegenden der Rheinprovinz auch die ländlichen Kreditgenossenschaften, die Spar- und Darlehenskassenvereine, eine gewisse Bedeutung für den ländlichen Grundkredit. Ihrer Bestimmung wie ihrer Organisation nach sollten sie sich freilich auf die Gewährung eines kurzfristigen Personalkredits, in erster Linie zur Beschaffung von Betriebskapitalien, beschränken. Tatsächlich geben sie aber vielfach auch sogenannte „feste Darlehen", d. h. Darlehen mit längeren Kündigungsfristen, für die oft eine hypothekarische Sicherheit bestellt wird. Mit Rücksicht auf die Liquidität der Kassen ist gewöhnlich ein besonderes Kündigungsrecht für den Fall, daß der Genossenschaft Zahlungsschwierigkeiten drohen, vorbehalten. Als eigentlichen langfristigen Immobiliarkredit wird man diese — statistisch nicht feststellbaren — Hypothekardarlehen der ländlichen Kreditgenossenschaften in vielen Fällen jedenfalls nicht anzusehen haben.

Die Eigentümlichkeit der sogenannten „vollkommen organisierten Bodenkreditinstitute" besteht darin, daß sie sich die zur Gewährung des Grundkredits erforderlichen Kapitalien durch die Ausgabe auf den Inhaber lautender, für den Gläubiger unkündbarer Pfandbriefe oder Obligationen beschaffen. Diese Art der Kapitalbeschaffung gestattet, bei der Gewährung von Hypothekarkredit den besonderen Erfordernissen des ländlichen Grundbesitzes gerecht zu werden. Die eigentlichen Bodenkreditinstitute können nach banktechnischen Grundsätzen ihrerseits auf das Kündigungsrecht der ausgeliehenen Kapitalien verzichten, da sie keine Kündigung des von ihnen in Anspruch genommenen Kredits zu befürchten haben; sie können gleichzeitig eine allmähliche Amortisation der Hypotheken nach dem Annuitätensysteme gestatten, da ihr großer, bankmäßiger Betrieb ihnen jederzeit eine zinsbare Verwendung der kleinen Tilgungsbeiträge gestattet.

Für den ländlichen Grundbesitz der Rheinprovinz kommen von solchen bankmäßigen Bodenkreditinstituten zunächst die Hypothekenbanken in Betracht, freilich nur in recht geringem Umfange. Die deutschen Hypothekenbanken wenden sich fast ausschließlich dem städtischen Hypothekargeschäfte zu; Ende 1909 war von einem Gesamtbetrage von 10 139,9 Millionen Mark Hypotheken nur die verhältnismäßig geringe Summe von 637,5 Millionen Mark auf landwirtschaftliche Grundstücke ausgeliehen; auf ländliche Grundstücke in Preußen entfiel nach Schätzungen Meitzens[1] am Ende des Geschäftsjahres 1900 höchstens die Summe von 200 Millionen Mark. Der Grund für die starke Bevorzugung städtischer Beleihungen liegt vor allem darin, daß diese bei geringeren Verwaltungskosten, besonders einer einfacheren, weniger dezentralisierten Organisation, einen größeren Gewinn abwerfen. Vor allem in der Rheinprovinz konzentriert sich das Interesse der Hypothekenbanken ganz auf die Beleihung städtischer Grundstücke und Gebäude, entsprechend der durch die Bevölkerungszunahme und fortschreitende Industrialisierung bewirkten Neuerschließung und Wertsteigerung des städtischen Bodens. Die beiden Hypothekenbanken in Köln, für die wegen ihrer Lage eine Beleihung ländlicher Grundstücke in der Rheinprovinz am leichtesten möglich wäre, haben ihren Geschäftskreis fast ganz auf die Städte beschränkt: Ende 1909 hatte die Westdeutsche Bodenkreditanstalt auf ländliche Grundstücke überhaupt nur 1 742 438,46 Mk., die Rheinisch-Westfälische Bodenkreditbank auf ländliche Grundstücke in der Rheinprovinz, Westfalen und Hessen-Nassau nur 1 037 295,25 Mk. ausgeliehen; bei beiden Banken zusammen machen die Beleihungen landwirtschaftlichen Grundbesitzes noch nicht 1 % ihres Gesamtbestandes an Hypotheken aus. Die übrigen preußischen und deutschen Hypothekenbanken dürften erst recht ihre Kredittätigkeit kaum auf ländliche Grundstücke der Rheinprovinz in irgendwie erheblichem Umfange erstrecken; das Interesse der Preußischen Zentral-Bodenkredit-Aktiengesellschaft, die das ländliche Beleihungsgeschäft noch am eifrigsten pflegt, liegt bei dieser Tätigkeit doch fast ganz in Mittel- und Ostdeutschland. So

---

[1] Meitzen, Bd. VI. 1901, Abschnitt VI. B. IV.

dürfte die Gesamtsumme der von Hypothekenbanken auf ländliche Grundstücke der Rheinprovinz ausgeliehenen Kapitalien nur gering sein: für 1902 schätzte sie von Altrock[1] auf 6,23 Millionen Mark, heute wird sie wahrscheinlich höchstens zehn Millionen Mark ausmachen. Der größte Teil dieser ländlichen Hypotheken ist wohl in der Form unkündbarer Amortisationshypotheken gegeben; nach dem Hypothekenbankgesetz (§ 6) muß die Hälfte der auf ländliche Liegenschaften ausgeliehenen Hypotheken aus unkündbaren, mit mindestens $1/4\,^0/_0$ zu tilgenden Darlehen bestehen; für 1900 wurde die Summe der Tilgungshypotheken sogar auf zwei Drittel der ländlichen Beleihungen geschätzt[2]. Jedenfalls scheinen die von den beiden Hypothekenbanken in Köln ausgeliehenen ländlichen Hypotheken nur Tilgungshypotheken zu sein. Die Rheinisch-Westfälische Bodenkreditbank erklärt dies ausdrücklich in ihrem Geschäftsbericht, bei der Westdeutschen Bodenkreditanstalt wird es dadurch sehr wahrscheinlich, daß überhaupt drei Viertel aller von ihr ausgegebenen Hypotheken Amortisationsdarlehen sind.

In einem Teile der nördlichen, rechtsrheinischen Rheinprovinz, den sechs „landrechtlichen Kreisen": Rees, Ruhrort, Mülheim an der Ruhr, Essen-Stadt, Essen-Land und Duisburg, kommt ferner als vollkommen organisiertes Bodenkreditinstitut für den ländlichen Grundbesitz die „Landschaft der Provinz Westfalen" in Betracht. Im Jahre 1877 nach dem Vorbild der älteren preußischen Landschaften gegründet, dehnte sie seit 1882 mit Genehmigung der rheinischen Provinzialverwaltung ihre Tätigkeit auf die sechs niederrheinischen Kreise aus, in denen die Geltung des Preußischen Landrechts schon damals sichere hypothekarische Ausleihungen gestattete. Der Anschluß an die Landschaft sollte ursprünglich nur so lange gestattet sein[3], bis in der Rheinprovinz ein ähnliches Institut durch Ausbau der Provinzialhilfskasse geschaffen sei, doch blieben die sechs Kreise auch nach Gründung der Landesbank im Anschluß an die Westfälische Landschaft. Voraussetzung für die Mitgliedschaft ist der Besitz eines land- oder forstwirtschaftlich benutzten Grundstückes mit einem Grundsteuerreinertrag von mindestens 50 Mark. Der Hypothekenbestand der Westfälischen Landschaft — sie gibt nur unkündbare Tilgungshypotheken aus — ist im Vergleich zu dem der älteren Landschaften noch kein großer; auf die rheinischen Kreise entfällt davon nur ein geringer Teil, der in den letzten Jahren im Verhältnis zur Gesamtsumme sogar

---

[1] Verh. der 2. Tagung der X. Sitzungsperiode des Königl. Preuß. Landesökonomiekollegiums 1906. „Der landwirtschaftliche Kredit in Preußen."
[2] Meitzen, a. a. O.
[3] Verh. d. 27. Rh. Prov.-Landtags 1881. 14. Sitzg. 2./12. Protokolle.

abnimmt. Am 1. September 1894[1] waren von 36580500 Mk. Hypotheken 4025000 Mk., also noch nicht ganz ein Neuntel auf Güter in den rheinischen Kreisen ausgeliehen, am 31. Dezember 1908 von 80049300 Mk. nicht einmal ein Zwölftel, 6530200 Mk.[2]. Örtlich verteilten sich die Hypotheken der Landschaft in der Rheinprovinz am 10. September 1905 folgendermaßen[3]: in zwei der landrechtlichen Kreise, Essen-Stadt und Duisburg, standen keine Darlehen aus; auf Essen-Land entfielen 1010100 Mk., auf Mülheim und Ruhrort 1400300 Mk. und auf Rees 3965600 Mk. Hypotheken.

Abgesehen von der im ganzen recht geringfügigen Kreditgewährung von seiten der Hypothekenbanken und der auf wenige Kreise beschränkten Westfälischen Landschaft, kommt somit für den ländlichen Grundbesitz als einziges bankmäßig organisiertes Bodenkreditinstitut die Landesbank der Rheinprovinz in Betracht. Durch ihr Statut[4] ausdrücklich zur Gewährung unkündbarer Amortisationsdarlehen berechtigt, gibt sie in richtiger Erkenntnis der Bedürfnisse des ländlichen Grundbesitzes Hypotheken auf ländliche fruchttragende Grundstücke prinzipiell nur als ihrerseits unkündbare Tilgungshypotheken[5]. Die Tilgung erfolgt nach dem Annuitätensystem, der ursprüngliche Tilgungssatz beträgt mindestens $^1/_2$ % der aufgenommenen Hypothek. Wenn es für den Schuldner möglich ist, setzt die Landesbank einen höheren Tilgungssatz fest, da „eine stärkere Tilgung in der Regel im dringenden Interesse der Schuldner und ihrer Familie"[5] liegt. Wichtig für die Durchführung der Tilgung und ihre erzieherische Einwirkung auf den Landwirt ist, daß die Landesbank nicht, wie es vielfach Geschäftsgebrauch der Landschaften ist, aus den Tilgungsbeiträgen einen besonderen Amortisationsfonds bildet, der bei Erreichung einer bestimmten Höhe vom Landwirt wieder abgehoben werden darf. Mit Ausnahme von solchen Jahren vielmehr, in denen dem Landwirt mit Rücksicht auf die besondere Ungunst der Verhältnisse, wie z. B. einen besonders schlechten Ernteausfall, die Zahlung der Tilgungsquote von der Landesbank eventuell erlassen wird, ist er Jahr für Jahr zur Zahlung der gleichen Summe für Zins und Tilgung, mithin zur Zurücklegung einer jährlich steigenden Summe genötigt. So gewöhnt er sich daran, mit der jährlichen Zahlung eines stets gleichen Betrages an die Landesbank von vornherein zu rechnen. Ist die Aufnahme

---

[1] Meitzen, Bd. 6. Abschnitt VI. B. III.
[2] Nach besonderen Angaben der Direktion.
[3] Hecht, Organisation, III. Abteilung, 1. Band.
[4] Statut § 5.
[5] Vergl. den „Fragebogen für die Beleihung von ländlichem Grundbesitz." Der Geschäftsbericht für 1909/10 führt ein ländliches Darlehen von 30000 Mk. ohne Tilgungspflicht an.

neuen hypothekarischen Kredits für den Landwirt nötig, so bleibt ihm natürlich die Möglichkeit, von der Landesbank eine weitere Hypothek innerhalb der Beleihungsgrenze zu erhalten.

Die Landesbank verzichtet ihrerseits bei ländlichen Hypotheken stets auf das Kündigungsrecht, nur gegen säumige oder durch Zwangsvollstreckung gefährdete Schuldner ist ihr — ähnlich wie allen sonstigen Bodenkreditanstalten — ein dreimonatliches Kündigungsrecht durch Statut[1] ausdrücklich gewahrt. Dem Schuldner anderseits bleibt im allgemeinen das Recht, seine Hypothek ganz oder teilweise zu kündigen oder die festgesetzte Tilgung zu verstärken. Ihm ist also jede Möglichkeit gesichert, besonders günstige Umstände, vor allem ein allgemeines Sinken des Zinsfußes, auszunutzen. Bei einem Teil der ländlichen Hypotheken ist allerdings auch das Kündigungsrecht des Schuldners beschränkt, soweit nämlich ländliche Hypotheken — neben den städtischen — als Deckung für die mit zehnjähriger Unkündbarkeit seitens der Landesbank ausgegebenen Anleihescheine dienen[2]. Der Beginn der Tilgungsfrist darf aber für diese Darlehen nicht aufgeschoben werden, die Tilgungsbeiträge werden vielmehr während dieser Zeit zu einem Tilgungsfonds angesammelt und demnächst zur verstärkten Tilgung benutzt. Dem Vorteil der billigeren Kreditgewährung infolge der zehnjährigen Unkündbarkeit der Anleihescheine steht für den Landwirt also nur der Nachteil gegenüber, daß er in den ersten zehn Jahren nicht die Möglichkeit hat, besonders günstige Umstände durch Kündigung der Hypothek auszunutzen.

Besondere Bedeutung haben sodann für den Landwirt die Grundsätze der Landesbank über die Höhe der Beleihung. Diese ist für Hypotheken auf ländliche Grundstücke, die in der Regel nur zur ersten Stelle gegeben werden, in doppelter Weise bestimmt. Die eine Taxe, nach der bis 1885 die Provinzialhilfskasse ausschließlich belieh, gestattet eine Beleihung ländlicher Liegenschaften bis zu $^2/_3$, bei Wäldern und Weinbergen bis zur Hälfte des Wertes. Als solcher ist der „jederzeit in einer öffentlichen Versteigerung zu erzielende" Verkaufswert der Grundstücke einzustellen, auch ihr ortsüblicher Pachtwert soll dabei mit in Betracht gezogen werden. Gebäude allein werden auf dem Lande nicht beliehen; doch wird der Wert der zu einem Hofgut gehörenden Gebäude bei der Beleihung regelmäßig mitberücksichtigt, es sei denn, daß „nach den örtlichen Verhältnissen und Gebräuchen bei Gutsverkäufen neben dem vollen Wert für die Ländereien die

---
[1] Statut § 9.
[2] Anleihe-Regulativ § 2.

Gebäude nicht noch besonders in Rechnung gestellt zu werden pflegen". Dazu tritt ergänzend bei niedrigen Beleihungen die Berechnung des Wertes nach dem Grundsteuerreinertrag. Die Vorlage einer Taxe über den besonders zu ermittelnden Verkaufswert wird in der Regel dann nicht verlangt, wenn das nachgesuchte Darlehen das 25 fache des Grundsteuerreinertrages nicht oder nur unwesentlich überschreitet. Diese zweite Art der Beleihung — auch viele Landschaften kennen sie — hat für den Landwirt den Vorteil großer Einfachheit und Billigkeit des Beleihungsverfahrens, bietet anderseits der Landesbank doch eine genügende Gewähr für die Sicherheit der Hypothek. Sie kann aber nur für niedrige Beleihungen zur Anwendung kommen. Die Schätzung des Reinertrages erfolgte auf Grund der Gesetze über die Erhebung der Grundsteuer von 1861 und 1867 und ist seitdem nicht mehr erneuert worden. Infolge der Steigerung der Ertragsfähigkeit der ländlichen Grundstücke innerhalb der letzten vierzig Jahre bleibt dieser Grundsteuerreinertrag daher bald mehr, bald weniger erheblich hinter dem heutigen tatsächlichen Reinertrag zurück.

So ist im allgemeinen eine besondere Berechnung des Verkaufswertes der Grundstücke erforderlich, ein ziemlich umständliches Verfahren, dessen nicht unbedeutende Kosten dem Darlehensnehmer zur Last fallen. Gegenüber den Landschaften ist die Landesbank bei dieser Taxierung sehr im Nachteil. Bei diesen ist vielfach in jedem Kreis oder Departement einem besonders angesehenen der dort angesessenen Mitglieder die Besorgung der Taxgeschäfte übertragen; das sichert in der Regel eine recht zuverlässige Wertermittelung. Der Landesbank stehen solche geeignete und selbstinteressierte Personen zur Vornahme der Taxen nicht zur Verfügung. Sie muß bei jeder Beleihung zuverlässige Taxatoren besonders ernennen. Gelingt es ihr nicht, selbst solche Personen aufzutreiben, so überläßt sie die Ernennung der Schätzer den Darlehensnehmern und läßt eventuell die Taxe durch den Bürgermeister oder das Landratsamt prüfen. Die Willkürlichkeiten, die solchen Schätzungen stets anhaften, machen sich gerade in der Rheinprovinz mit ihrer großen Ausdehnung und der Verschiedenartigkeit der ländlichen Verhältnisse besonders fühlbar. Vorschläge zur Abhilfe dieser Mißstände etwa durch Einrichtung staatlicher oder kommunaler Schätzungs- oder Revisionsämter sind vielfach gemacht worden[1], aber schwer allgemein durchzuführen. In der Rheinprovinz hat man bisher erst einen Versuch in dieser Richtung gemacht:

---

[1] S. z. B. Offenberg, „Die richtige Bewertung von Grundstücken in Stadt und Land..." im Preuß. Verwaltungsblatt. Jahrgang 30. Nr. 11. 12./12. 1908.

seit dem 1. April 1902 besteht im Kreise Grevenbroich ein besonderer Kreisausschuß unter dem Vorsitz des Kreisbaumeisters für die Abschätzung von Liegenschaften sowohl in amtlichem Auftrage wie auf Ersuchen von Privatpersonen, besonders auch für Beleihungen durch die Sparkassen und die Landesbank[1].

Die Festsetzung der Beleihungsgrenze auf regelmäßig zwei Drittel des ermittelten Wertes entspricht der fast sämtlicher Landschaften und der Hypothekenbanken (§ 11, Abs. 2 des Hypothekenbankgesetzes), doch ermittelt die Taxe der Landschaften bekanntlich den sehr niedrigen Grund- oder Ertragswert. Deshalb ist für die Landesbank ein besonders vorsichtiges und zuverlässiges Wertermittlungsverfahren erforderlich. Wie schon die ganz geringfügigen Verluste bei Zwangsversteigerungen zeigen, geht die Landesbank tatsächlich äußerst vorsichtig zu Werke.

Von besonderer Wichtigkeit für die Tätigkeit der Landesbank als ländlichen Grundkreditinstitutes ist die Festsetzung des Zinsfußes ländlicher Hypotheken. Die Eigenart der ländlichen Verhältnisse macht es vielfach in solchen Gegenden, wo ein organisierter Bodenkredit den Landwirten nicht zur Verfügung steht, den lokalen Geldgebern, besonders einzelnen privaten Kapitalbesitzern und den Sparkassen, möglich, bei der Schwierigkeit des Zufließens fremden Kapitals den Hypothekenzinsfuß dauernd höher als den landesüblichen Zinsfuß zu halten. Es ist daher Aufgabe eines speziellen Kreditinstituts für den ländlichen Grundbesitz, einmal möglichst selbst den Landwirten den erforderlichen Kredit zu dem landesüblichen Zinsfuß zu beschaffen, im übrigen aber wenigstens indirekt durch die Konkurrenz dieses billigeren Kredits auf ein Herabdrücken des vielfach höheren Zinsfußes hinzuwirken. Dazu macht noch ein weiterer Grund es erforderlich, daß dieser Kredit möglichst billig sei: Hypothekarkredit mit Tilgungszwang wird in der Regel nur dann in stärkerem Maße von den Landwirten in Anspruch genommen werden, wenn der Zinsfuß etwas niedriger als der bisher übliche ist, wenn mit anderen Worten Zins- und Tilgungsquote zusammen den bisherigen Zinssatz nicht allzu sehr übersteigen. Hochverschuldete Landwirte würden sonst vielfach diesen Kredit nicht in Anspruch nehmen können, und auch besser gestellte würden sich fernhalten, da sie oft nur die größer gewordene Jahresleistung und nicht ihre wirtschaftlichen Vorteile in Anschlag bringen.

In richtiger Erkenntnis der ihr hier gestellten Aufgabe hat daher die Landesbank der Rheinprovinz stets daran fest-

---

[1] S. Das „Reglement für die Abschätzung der Liegenschaften im Kreise G." vom 26./3. 1902.

gehalten, die Gewährung des ländlichen Grundkredits nicht zu einem Erwerbsgeschäft zu machen, diese Hypotheken vielmehr zu einem Zinsfuß zu geben, der „stets der billigste des Hypothekenmarktes und nicht höher als die Selbstkosten der Bank" [1] ist [2]. Das ist gerade im Rheinland von großer Bedeutung, wo auch heute noch der Zinsfuß für Hypotheken auf dem Lande meist ein recht hoher ist. So verzinsten sich z. B. im Jahre 1906 von den bei rheinischen Sparkassen ausstehenden ländlichen Hypotheken nur etwa ein Vierzigstel mit unter 4%, gut zwei Drittel mit über 4%. Von den ländlichen Hypotheken sämtlicher preußischer Sparkassen hingegen entfielen auf erstere etwa ein Sechstel, auf letztere noch nicht ein Drittel. Durch eine geschickte Emissionspolitik gelang es der Landesbank, sich besonders billige Kapitalien zu verschaffen und entsprechend billigen Kredit den Landwirten zur Verfügung zu stellen. In den ersten elf Jahren ihres Bestehens konnte sie den Zinsfuß für ländliche Beleihungen dauernd auf $3\frac{1}{2}$% halten, mußte ihn im Geschäftsjahr 1899/1900 auf 4% festsetzen, ging dann aber bald wieder auf $3\frac{7}{8}$ und $3\frac{1}{2}$% zurück. Seit 1905 war wieder eine allmähliche Erhöhung des Zinsfußes erforderlich, im Jahre 1907 zeitweise auf etwas über 4%. Seitdem konnte er aber wieder etwas herabgesetzt werden. Außer den Zinsen und dem hinzukommenden Tilgungsbetrag haben die Landesbankschuldner noch einen Unkosten- und Emissionsbeitrag zu bezahlen, in dem auch der Betrag des Effekten- und Talonstempels enthalten ist. Die Höhe des Betrages richtet sich nach dem Disagio, mit dem die Rheinprovinzobligationen zu emittieren sind. Von ländlichen Darlehensnehmern wird der Beitrag oft nur bei großen Hypotheken, meist von 50000 Mk. und mehr, erhoben.

Wie die Erfahrungen der Landesbank und besonders der Landschaften zeigen, besteht die Gefahr, daß der speziell zur Förderung der Landwirtschaft bestimmte billige Immobiliarkredit zu anderen Zwecken benutzt wird, sei es daß er zu Zwecken verwandt wird, die mit der Landwirtschaft gar nichts zu tun haben, also etwa nur dazu dient, dem Landwirt Geld zu verschaffen, das er in höhere Erträgnisse abwerfenden Industriepapieren anlegen kann, sei es, daß er von solchen Gutsbesitzern in Anspruch genommen wird, für die infolge Besitzes sonstiger flüssiger Mittel eine Notwendigkeit der Inanspruchnahme des Immobiliarkredits gar nicht vorliegt. Um dies zu verhindern, verlangt die Landesbank von jedem ländlichen Grundbesitzer einen Nachweis über den Zweck

---

[1] Lohe, Die Verschuldung des ländlichen Grundbesitzes. S. 18.
[2] Vergl. auch die Ausführungen des Landesdirektors Klein in der 2. Sitzg. des 35. Pr. Landtags am 10./12. 1888; Sten.-Ber.

153.

Tabelle V.

Es wurden an ländl. Grundbesitzer bewilligt		Es standen Darlehen an ländliche Grundbesitzer aus	
im Rechnungsjahr	Darlehen in Höhe von	am	in Höhe von
1888/89	3 311 900,— ℳ		
1889/90	3 660 800,— „		
1890/91	3 572 489,— „		
1891/92	3 070 277,— „		
1892/93	5 213 975,— „		
1893/94	4 871 399,22 „		
1894/95	6 665 133,47 „		
1895/96	9 570 505,— „		
1896/97	6 672 219,59 „		
1897/98	7 647 002,53 „		
1898/99	6 624 008,06 „	31./3 1899	56 732 584,13 ℳ
1899/1900	5 152 911,47 „	„ 1900	60 694 804,18 „
1900/01	3 643 005,67 „	„ 1901	62 284 006,35 „
1901/02	7 600 395,— „	„ 1902	66 642 019,19 „
1902/03	22 057 214,— „	„ 1903	79 803 920,94 „
1903/04	15 169 645,— „	„ 1904	95 776 757,85 „
1904/05	13 339 419,56 „	„ 1905	106 081 628,92 „
1905/06	12 007 915,02 „	„ 1906	114 198 274,30 „
1906/07	8 044 707,50 „	„ 1907	120 561 099,68 „
1907/08	6 321 324,79 „	„ 1908	121 221 667,56 „
1908/09	7 401 261,13 „	„ 1909	123 394 787,58 „
1909/10	8 744 955,55 „	„ 1910	128 366 790,98 „

der Hypothekenaufnahme sowie eine Erklärung, daß kein sonstiges flüssiges oder wenigstens leicht flüssig zu machendes Vermögen vorhanden sei.

Der Zudrang zum billigen Landesbankkredit von seiten ländlicher Grundbesitzer ist recht groß: Ende März 1899 standen 56,7, Ende März 1910 128,4 Millionen Mark an solchen ländlichen Hypotheken aus. Von geringen Schwankungen abgesehen, stieg die Summe der jährlich neu bewilligten ländlichen Darlehen von 3,3 Millionen Mark im Jahre 1888/89 auf 9,6 Millionen im Jahre 1895/96, fiel dann bis 1900/01 wieder auf 3,6 Millionen Mark. Die Neubewilligungen nahmen dann wieder in stark sprunghafter Weise zu und erreichten ihren Höchstbetrag von 22 Millionen Mark im Geschäftsjahre 1902/03; seitdem sind sie wieder stark gefallen: 1908/09 wurden 7,4 Millionen Mark, 1909/10 8,7 Millionen Mark bewilligt.

Die wechselnde Höhe des Betrages der alljährlich neu bewilligten ländlichen Darlehen ist in erster Linie bestimmt durch die Schwankungen des allgemeinen Zinsfußes, dem die Landesbank durch Festsetzung des Hypothekenzinsfußes und des Disagiobetrages entsprechen muß. Diese Abhängigkeit wird dadurch besonders erklärlich, daß der größere Teil der bei der Landesbank aufgenommenen ländlichen Hypotheken

Tabelle VI.
Von den an ländliche Grundbesitzer

im Rechnungsjahr	Konvertierung bestehender Hypotheken	Abstoßung sonstiger Schulden	Abfindungen und Erbauseinandersetzungen.
1902/03	14 188 142,—	1 279 703,—	2 239 449,—
1903/04	8 811 915,30	3 411 129,35	2 030 070,21
1904/05	6 769 431,56	1 022 660,—	1 781 345,—
1905/06	6 347 566,02	854 960,—	1 704 821,—
1906/07	3 858 942,98	688 404,75	1 158 663,—
1907/08	2 139 073,11	1 047 591,71	1 021 750,44
1908/09	2 003 458,11	353 885,38	2 480 229,35
1909/10	3 622 059,12	675 780,99	1 240 783,49
zusammen 1902/03 bis 1909/10	47 740 588,20	9 334 115,18	13 657 111,49

zur Konvertierung schon bestehender, höher verzinslicher Forderungen verwandt wurde; von den seit 1902/03 bis einschließlich 1909/10 an ländliche Grundbesitzer bewilligten Darlehen in Höhe von 93 Millionen Mark entfielen gut die Hälfte, etwa 47,7 Millionen, nach Angaben der Darlehensnehmer auf solche Konvertierungshypotheken[1]. Eine Umwandlung schon bestehender, kündbarer Hypotheken in unkündbare, amortisable Landesbankhypotheken wird zumeist aber nur dann erfolgen, wenn sie trotz der damit verbundenen Umständlichkeiten und Kosten einen wirklich bedeutsamen Vorteil verspricht, d. h. zu Zeiten eines einigermaßen billigen Zinsfußes der Landesbankdarlehen. Abgesehen von diesen durch die Änderung des Zinssatzes bewirkten Schwankungen des Betrages alljährlich bewilligter Konvertierungshypotheken, muß sich aber bei diesen naturgemäß auf die Dauer eine Tendenz zum Sinken geltend machen, sowie der größte Teil der geeigneten Hypotheken umgewandelt ist. Das trifft bei der Landesbank für manche Bezirke zu.

Eine genaue Angabe über die örtliche Verteilung der ländlichen Landesbankhypotheken ist allerdings nicht möglich[2]. Im Jahre 1901 gab im Provinziallandtag[3] der Berichterstatter zum Haushaltsplan über die Verwaltungskosten der Landesbank für 1901—1903 folgende — von der Verwaltung nicht bestrittene — Verteilung der ländlichen Landesbankhypotheken an: es entfielen landwirtschaftliche Darlehen auf die ganze

---

[1] Siehe Tabelle VI.
[2] Leider verweigert die Landesbankdirektion hierüber genauere Angaben.
[3] Verh. des 42. Pr.-Landtags 4. Sitzg. 9./2. 1901. Stenogr.-Berichte Abg. Hueck.

Tabelle VI.

bewilligten Darlehen entfallen auf

Verbesserung u. Vergrößerung des Besitzes, Baukosten	Kaufpreiszahlungen	Studienkosten, Aussteuer der Kinder	Industrielle Unternehmgn. Geschäftszwecke	Sonstige Zwecke
4 349 920,—	—	—	—	—
916 530,14	—	—	—	—
1 389 224,—	1 583 023,—	178 686,—	327 100,—	287 950,—
546 532,—	1 920 013,—	225 261,—	285 636,—	123 126,—
820 159,70	1 338 769,—	63 800,—	30 700,—	85 268,07
1 027 932,96	802 206,—	90 100,—	146 053,—	37 617,57
757 943,19	1 401 466,30	190 902,80	152 000,—	61 376,—
762 057,91	1 548 261,80	126 963,84	284 300,—	484 748,40
10 570 299,90	8 593 739,10	875 713,64	1 225 789,—	1 080 086,04

Provinz 71 736 000 Mk.[1] und zwar auf „den südlichen Teil der Provinz" — er versteht darunter den Regierungsbezirk Trier und vom Regierungsbezirk Koblenz die Kreise: Kochem, Kreuznach, Meisenheim, Simmern, St. Goar und Zell — 3 879 000 Mk. oder noch nicht 5½ % der Gesamtsumme. Für die Zeit seit 1901 ist ein Nachweis über die örtliche Verteilung nur für die durch Landesbankagenturen vermittelten ländlichen Hypotheken möglich. Diese haben seit ihrer Errichtung im Dezember 1901 bis Ende März 1910 im ganzen 37 240 529,60 Mk. Hypotheken vermittelt. Von ihnen kamen, wenn man der vorher angenommenen Teilung folgt, auf den südlichen Teil der Rheinprovinz nur 1 640 185,75 Mk., d. h. noch nicht 5 %. Diese durch Agenten vermittelten ländlichen Darlehen machen allerdings noch nicht ²/₅ der insgesamt in den 9 Jahren von 1901/02 bis 1909/10 an Landwirte bewilligten Hypotheken in Höhe von 100 686 837,55 Mk. aus. Aber von den übrigen drei Fünfteln dürften wahrscheinlich ebenfalls höchstens etwa 5 % auf die südlichen Kreise der Rheinprovinz fallen. Denn wenn schon die wenigstens zu einem Teil im südlichen Rheinland eingerichteten Agenturen doch keine größere Ausbreitung des Landesbankdarlehens im Süden bewirkten, so ist es nur wahrscheinlich, daß die ohne Vermittlung von Agenten bewilligten Darlehen hier erst recht keine weitere Verbreitung haben. Man wird daher annehmen dürfen, daß von den Ende März 1910 ausstehenden ländlichen Hypotheken nur etwa 5 %, höchstens aber etwa 10 % auf den südlichen Teil der Rheinprovinz fallen, also ungefähr 6—13 Millionen.

---

[1] Diese Zahl stimmt allerdings nicht mit der der Verwaltungsberichte überein.

Tabelle VII.

Von Dezember 1901 bis zum 31./3. 1910 wurden durch Agenten ländliche Hypothekendarlehen vermittelt

im	Stück	mit einem Betrag von	
Reg.-Bezirk Aachen	152	1 285 000,—	ℳ
Kreis Jülich	138	1 244 500,—	
„ Montjoie	14	40 500,—	
Reg.-Bezirk Düsseldorf	1 985	27 061 871,25	„
Kreis Dinslaken	22	128 500,—	
„ Düsseldorf-Land	1	18 000,—	
„ Essen-Land	57	1 342 645,—	
„ Geldern	284	3 689 241,50	
„ Gladbach-Land	9	137 000,—	
„ Kempen	230	4 582 645,—	
„ Mettmann	185	3 545 350,—	
„ Mörs	289	4 338 925,—	
„ Neuß	167	1 511 075,25	
„ Rees	507	5 946 969,50	
„ Ruhrort	122	701 720,—	
„ Solingen	112	1 119 800,—	
Reg.-Bezirk Koblenz	211	1 050 725,75	„
Kreis Kreuznach	195	987 525,75	
„ Meisenheim	9	33 800,—	
„ Neuwied	7	29 400,—	
Reg.-Bezirk Köln	855	7 224 072,60	„
Kreis Bergheim	183	1 658 449,50	
„ Bonn-Land	13	70 750,—	
„ Gummersbach	103	544 725,60	
„ Köln-Land	132	1 373 689,—	
„ Mülheim-Rhein	24	168 215,—	
„ Rheinbach	46	748 550,—	
„ Sieg	147	565 287,50	
„ Wipperfürth	207	2 094 406,—	
Reg.-Bezirk Trier	125	618 860,—	„
Kreis Ottweiler	5	21 700,—	
„ Saarbrücken	2	7 000,—	
„ Saarlouis	115	580 560,—	
„ Wittlich	3	9 600,—	
Zusammen	3 328	37 240 529,60	ℳ

Der ganze Rest von etwa 115 bis 122 Millionen Mark dürfte aus Beleihungen ländlicher Grundstücke in der übrigen Rheinprovinz bestehen.

Es fragt sich zunächst, ob diese auffallende lokale Verteilung der ländlichen Landesbankhypotheken ganz oder zum Teil auf eine geringere Verschuldung des landwirtschaftlichen Grundbesitzes im Süden der Rheinprovinz zurückzuführen ist. Sie könnte aus einer geringeren Gesamtverschuldung der Landwirte in den südlichen Kreisen zu erklären sein, d. h. aus ihrer geringeren Belastung mit Personal- wie Real- und speziell Immobiliarschulden. Sie könnte aber auch ihren Grund in einer im Süden verhältnismäßig geringeren Ausbildung gerade des Hypothekarkredits haben. Statistische Nachweise sind weder für das eine noch das andere möglich. Die früheren preußischen Hypothekarverschuldungsstatistiken umfassen die Rheinprovinz mit Rücksicht auf die Besonderheiten seines Immobiliar- und Hypothekarrechtes nicht, die Statistik des Jahres 1896 betrifft in der Rheinprovinz nur 5 Amtsgerichtsbezirke. Auch die neueste „Statistik der Verschuldung des ländlichen Grundbesitzes in Preußen im Jahre 1902"[1], welche die ganze preußische Monarchie umfaßt, gibt — wenigstens für die Rheinprovinz — kein genügend klares und zuverlässiges Bild.

Die Grundlage der Statistik bildeten die Materialien der Einkommen- und Ergänzungssteuerveranlagung für das Jahr 1902. Die Ergebnisse schilderten die Verschuldungsverhältnisse des ländlichen Grundbesitzes in der Rheinprovinz als äußerst günstig: es wurde eine Durchschnittsverschuldung der selbständigen Landwirte im Hauptberufe von 9,9 % des gesamten Vermögenswertes nachgewiesen, die niedrigste von allen preußischen Provinzen, weit zurückbleibend hinter dem Staatsdurchschnitt von 26,4 %. Diese Ergebnisse wurden von der Landwirtschaftskammer für die Rheinprovinz, die mit Hilfe des Oberpräsidenten, der Landesbank, der Genossenschaftsverbände und einiger Landräte Nachprüfungen der Erhebung vornahm, als „völlig unzutreffend und den wirklichen Verhältnissen nicht entsprechend" angegriffen[2], sie sei ohne „jeden volkswirtschaftlichen Wert". Man muß diesem Urteil zustimmen. Ihren Grund hat diese Unzulänglichkeit der Statistik zum Teil in der Mangelhaftigkeit des benutzten Materials, besonders aber in dem Umstand, daß nur die Besitzer von Grundstücken mit mindestens 60 Mk. Grundsteuerreinertrag in die Erhebung einbezogen wurden. Dadurch ist fast ein Viertel der land- und forstwirtschaftlich genutzten Fläche der Rheinprovinz garnicht berücksichtigt; es handelt sich hierbei aber nicht etwa zur Hauptsache um Nebenbetriebe industrieller Arbeiter, was schon daraus hervorgeht, daß „in dem stark industrialisierten Regierungsbezirk Düsseldorf nur etwa $^1/_{10}$, in dem landwirtschaftlichen Bezirk Koblenz aber fast ein Drittel der landwirtschaftlich genutzten Fläche nicht von der Verschuldungsstatistik erfaßt wird"[3]. Man kann daher auch die Ergebnisse der Statistik nicht zu einem Vergleich der ländlichen Bodenverschuldung im Norden

---

[1] Preuß. Statistik Heft 191. I. u. II. Teil. 1905 u. 1906.
[2] „Die ländliche Verschuldung i. d. Rheinprovinz." Bonn. Juli 1907.
[3] a. a. O. S. 7.

und im Süden der Rheinprovinz verwenden, zumal da einmal die Hypotheken nicht von den sonstigen Schulden getrennt sind und da anderseits die statistisch erfaßten Schulden der Grundbesitzer vielfach auf Grundstücke aufgenommen sind, die garnicht in dem Kreis der Veranlagungsbehörde liegen.

Aber auch ohne die Möglichkeit einer genauen statistischen Nachweisung kommt man auf Grund zahlreicher Einzelangaben über die Verschuldung, sowie im Hinblick auf die großen Gegensätze wirtschaftlicher und sozialer Natur, die zwischen den nördlichen und südlichen Teilen der Rheinprovinz bestehen, zu dem Schluß, daß auch die Verschuldungsverhältnisse in beiden Teilen dem Grade wie der Art nach verschieden sind. Es sind schon Gegensätze in der Bodenbeschaffenheit: im Norden der Rheinprovinz, in den niederrheinischen Kreisen — und ähnlich auch in der Gegend von Eupen — die äußerst fetten Wiesen und Weiden, dann vielfach ertragreiche, kalkhaltige Ackerflächen, besonders in dem großen Bezirk etwa zwischen Düsseldorf und Aachen, der „Kornkammer der Rheinprovinz" und im Gegensatz dazu im Süden der Provinz, von den Flußtälern abgesehen, die an fruchtbarem Ackerland wie an guter Weide meist gleich armen Gebirgsgegenden der Eifel, des Hunsrücks, des Westerwaldes. Hinzu kommen einander entgegengesetzte Rechtsgewohnheiten: im Norden herrscht — soweit nicht die Nähe der großen Städte oder der Industrie auch bei der mehr ländlichen Bevölkerung städtische Sitten und Rechtsgewohnheiten aufkommen läßt — trotz der langen Geltung des auf gleiche Naturalteilung abgestellten französischen Rechts die Gewohnheit des geschlossenen Hofüberganges auf einen Erben auch heute noch vielfach vor, im Süden dagegen fast überall die allgemeinste und bis ins äußerste durchgeführte Realteilung des ererbten Grundbesitzes. Die Folge davon ist im Norden überwiegend mittelbäuerlicher Betrieb mit gut arrondiertem Besitztum, während in vielen Gegenden der südlichen Rheinprovinz kleinbäuerliche, oft sogar Parzellenwirtschaft bei ganz unrationeller Gemengelage die Regel bildet.

Aus diesen hier nur flüchtig skizzierten Verhältnissen ergibt sich im Norden ein stärkerer Anlaß zur Inanspruchnahme des Hypothekarkredits als im Süden, vor allem ist die Bedeutung des Besitzkredits — sei es zu Grunderwerb durch Kauf oder durch Erbgang — dort eine größere als hier. Im Norden bilden ferner die größeren landwirtschaftlichen Grundstücke und Güter eine geeignetere Grundlage für hypothekarische Belastungen als der stark zersplitterte Grundbesitz im südlichen Teil. In jenem machten sich daher auch die Mängel des rheinischen Immobiliarrechts nicht so stark geltend, war auch schon vor der Einführung der preußischen Grundbuchgesetzgebung eine einigermaßen sichere Beleihung der Grundstücke möglich. Soweit Hypothekarkredit aber auch im Süden der Provinz in Anspruch genommen wird, hat er, den besonderen Verhältnissen entsprechend, vielfach auch eine besondere Form angenommen. Er ist häufig — dies gilt besonders auch von den „festen Darlehen" der Genossenschaften — im Grunde langfristiger Personalkredit, bei dem die Bestellung der Hypothek nur eine ergänzende Sicherheit bildet. Es hat sich zugleich in einer Reihe von Kreisen der südlichen Rheinprovinz — so im Landkreis Bonn, im Siegkreis, in den Kreisen Ahrweiler, Mayen, Wittlich — in dem sogenannten „Protokollhandel" eine besondere Form des hypothekarischen Besitzkredits herausgebildet, die gleichfalls eine Annäherung an den Personalkredit darstellt. Die Eigentümlichkeit dieser Kreditform besteht darin, daß bei den Grundstücksversteigerungen — der in diesen Gegenden vorherrschenden Art des Immobiliarverkaufs — der gewöhnlich auf etwa 5—10 Jahre kreditierte, in verschiedenen Terminen zu tilgende Steigpreis, der oft ganz, oft nur zum Teil durch Eintragung auf das Grundstück gesichert wird, gegen einen Rabatt an einen Geldgeber zediert wird, der seinerseits die Beitreibung des Steigpreises übernimmt. Dieser Protokollhandel lag früher ganz in den Händen einzelner, oft wucherischer Personen. Er ist ihnen aber allmählich immer mehr entrissen worden und hat sich zu einem „äußerst beliebten Geschäft der genossenschaftlichen Spar- und Darlehenskassen und auch der kommunalen Sparkassen"[1] entwickelt. Auch der Landesbank ist „der Ankauf und die zessionsweise Übernahme"[2] von Steigpreisen gestattet, doch hat sie sich tatsächlich fast garnicht damit befaßt, sondern nur die mehr dazu geeigneten lokalen Genossenschaften und Sparkassen bisweilen durch besondere Vorschüsse in dieser Tätigkeit unterstützt.

Aber die schwächere Ausbildung des eigentlichen Hypothekarkredits in den ländlichen Bezirken der südlichen Rheinprovinz begründet doch nur zum Teil die auffallend geringe Ausdehnung der ländlichen Beleihungen der Landesbank auf die südlichen Kreise, werden doch die Landesbankhypotheken dort an Bedeutung weit übertroffen von den ländlichen Hypotheken der kommunalen Sparkassen. Die Erklärung für diese Tatsache liegt vielmehr in etwas anderem: wenn die Landesbank auch durch ihre Organisation ihren Kredit durchaus den Erfordernissen des ländlichen Grundbesitzes im allgemeinen anpassen kann, so vermag sie doch, wie ein jedes

---

[1] Wygodzinski. S. 107.
[2] Statut § 10.

große, zentrale Grundkreditinstitut, gerade der Eigenart des kleinen ländlichen Grundbesitzes jedenfalls nicht ohne weiteres gerecht zu werden. Dieser erfordert ja möglichste Dezentralisation der Darlehensgewährung oder Darlehensvermittlung. In dieser Hinsicht sind daher private Kapitalisten wie die lokalen Sparkassen und sonstigen Kreditinstitute — die an sich weniger geeignet sind zur Gewährung eines gesunden ländlichen Immobiliarkredits — der Landesbank überlegen, und zwar desto mehr, je kleiner in einem Bezirke durchschnittlich die landwirtschaftlich genutzten Grundstücke sind und je weiter entfernt der Bezirk von dem Sitze der Landesbank ist. Beides macht den Süden der Provinz weniger geeignet für die Darlehensgewährung der Landesbank als den Norden.

Vor allem ist die Gewährung kleiner und kleinster Hypotheken, wie sie im Süden vielfach aufgenommen werden, für die Landesbank von ihrem Sitz in Düsseldorf aus unmöglich. Sie hält seit 1892 gewöhnlich für ländliche Hypotheken, die ursprünglich mindestens 2000 Mk. betragen mußten, an einer Mindestsumme von 1500 Mk. fest. Das entspricht nach ihren Beleihungsgrundsätzen einem Verkaufswert des Grundstücks von mindestens 2250 Mk. oder einem Grundsteuerreinertrag von 60 Mk. Andere Grundkreditinstitute gehen in ihren Beleihungen auf geringere Summen herab. Bei der Hannoverschen Landeskreditanstalt ist der Mindestbetrag des ländlichen Darlehens 600 Mk., bei der Nassauischen Landesbank sogar nur 150 Mk. Von den Landschaften beleiht z. B. die Schlesische Landschaft noch Grundstücke des nicht inkorporierten Grundeigentums von mindestens 30 Mk. Grundsteuerreinertrag, sofern sie nach den Beleihungsvorschriften der Landschaft einen Kredit von mindestens einhundert Mark rechtfertigen[1]. Vielleicht wäre es auch der Landesbank, die an der Minimalsumme von 1500 Mk. wegen der großen Kosten der kleinen Hypotheken sowie mit Rücksicht auf die zahlreichen öffentlichen Sparkassen in der Rheinprovinz festhält[2], möglich, den Mindestbetrag noch etwas zu ermäßigen, etwa bis auf 1000 Mk. Niedrigere Hypotheken auf landwirtschaftliche Grundstücke kommen fast nur in den kleinbäuerlichen Gegenden der südlichen Rheinprovinz vor, dort allerdings auch recht häufig. Solche Beleihungen aber von dem weit entfernten Sitz der Landesbank in Düsseldorf aus vorzunehmen, würde wegen der damit verbundenen Schwierigkeiten und Kosten für die Landesbank nicht angängig sein.

Will somit die Landesbank ihrer vornehmsten Aufgabe

---

[1] Franz, S. 79.
[2] Diese beiden Gründe gibt auch der Verwaltungsbericht der Provinzialhilfskasse pro 1886/87 für die Minimalsumme von 2000 Mk. an.

entsprechen, eine den berechtigten Interessen der Landwirtschaft dienende Organisation des ländlichen Grundkredits in der ganzen Rheinprovinz durchzuführen, so ergibt sich für sie die Notwendigkeit, dem Nachteil, den sie durch ihre zentrale Organisation gegenüber den lokalen Kreditgebern aller Art hat, dadurch abzuhelfen, daß sie in irgendeiner Weise einen lokalen Aufbau ihrer ländlichen Kreditgewährung zu schaffen sucht. Nur ein solcher ermöglicht es ihr, den besonderen Kreditbedürfnissen auch der kleinbäuerlichen Bevölkerung in den südlichen Kreisen zu entsprechen, auch kleine Hypotheken zu gewähren und damit in wirksame Konkurrenz mit den anderen Kreditgebern zu treten.

Zwei verschiedene Wege konnte man bei einer solchen schon früh als notwendig erkannten Einrichtung lokaler Vermittlungsstellen für die ländlichen Landesbankhypotheken einschlagen. Man konnte entweder besondere Landesbankagenturen schaffen, indem man — nach dem Vorbild der Landeskreditanstalten in Hannover, Kassel und Wiesbaden — geeigneten Persönlichkeiten die Vermittlung ländlicher Hypotheken in bestimmten kleineren Kreisen als Haupt- oder Nebenamt übertrug. Oder man konnte die schon bestehenden lokalen Kreditinstitute, die öffentlichen Sparkassen und die genossenschaftlichen Darlehenskassenvereine, in den Dienst der Landesbank stellen. Diese zweite Art, lokale Vermittlungsstellen für die Landesbank zu schaffen, versprach manchen Vorteil. Sie war einmal voraussichtlich bedeutend billiger als die Einrichtung besonderer Agenturen, für die auch bei nebenamtlicher Übertragung doch höhere Provisionen nötig erschienen. Sodann konnte es für die Landesbank von großem Nutzen sein, daß diese Institute durch ihre sonstige Tätigkeit eine genaue Kenntnis der gesamten wirtschaftlichen Verhältnisse, besonders der Kreditwürdigkeit der einzelnen Landwirte besitzen. Dazu durfte man hoffen, daß sich bei einer solchen Verbindung vielfach das diesen Instituten von den Landwirten entgegengebrachte Vertrauen auch auf die Landesbank übertragen werde. Diesen Vorteilen stand allerdings ein großes Bedenken gegenüber. Es war äußerst fraglich, ob es bei nicht ganz außergewöhnlich hohen Provisionen gelingen würde, die Sparkassen und Genossenschaften zu einer wirklich bedeutenden Vermittlungstätigkeit heranzuziehen. Denn mehr oder weniger mußte sie doch ihr finanzielles Interesse veranlassen, an den meist hoch verzinslichen ländlichen Hypotheken möglichst festzuhalten und nicht einen so gefährlichen Konkurrenten wie die Landesbank noch besonders zu unterstützen.

So hatte man zunächst daran gedacht, den ersten Weg zu betreten, den der Schaffung besonderer Landesbankagenturen. Schon der Nachtrag zum Statut der Provinzialhilfskasse von 1885 sah eine solche Einrichtung vor, da es erwünscht erschien, „die in Nassau bestehende Einrichtung der Agenturen mit lokalen Beiräten, welche voraussichtlich von sehr erheblichem Einflusse auf das Prosperieren des Instituts sein würden, praktisch zu erproben"[1]. Ähnliche Bestimmungen wurden dann im Jahre 1888 in das Statut der Landesbank aufgenommen. Der § 27 ermächtigte den Provinzialausschuß zur Errichtung von Landesbankagenturen an geeigneten Orten der Provinz. In der Regel sollten sie Steuer- und Gemeindeempfängern übertragen werden, denen eventuell zwei oder mehrere Vertrauensmänner, sogenannte „Lokalbeiräte", zur Seite treten sollten. Die Aufgabe der Agenturen sollte in der Übernahme der „lokalen Verwaltungsgeschäfte", sowie der „Lokalkassenführung" bestehen. Doch hatte man dabei nicht so sehr an eine vielleicht notwendig werdende Förderung des ländlichen Hypothekargeschäftes gedacht, man hatte vielmehr für den Fall, daß die Landesbank, wie im Statut vorgesehen war, die Tätigkeit als Sparkasse selbst aufnehmen oder eine besondere Provinzialsparkasse errichten sollte, die Agenturen als Nebenstellen dieser Sparkasse verwenden wollen. Seitdem man aber mit Rücksicht auf die Sparkassen von dem Plan, Spareinlagen anzunehmen, endgültig Abstand genommen hatte, trat auch der Gedanke an die projektierten Agenturen zunächst ganz zurück. Denn besondere Agenturen zu errichten, deren Zweck nur in der Vermittlung ländlicher Darlehen bestehen sollte, schien nicht recht angängig mit Rücksicht auf die großen Kosten, die entweder ganz der Landesbank zur Last fallen oder ihre ländlichen Hypotheken allzusehr verteuern mußten.

So blieb, als die Notwendigkeit lokaler Vermittlungsstellen für die ländlichen Landesbankhypotheken bald immer dringender wurde, nur die Möglichkeit, eine Verbindung mit den schon bestehenden lokalen Kreditinstituten zu schaffen. Man dachte dabei zunächst an die kommunalen Sparkassen, auf die vor allem die Staatsregierung im Anschluß an die Anregungen der Agrarkonferenz vom Jahre 1894[2] in dieser Richtung einzuwirken suchte. In einer unter dem Vorsitz des Oberpräsidenten am 20. Dezember 1895 in Köln abgehaltenen Beratung „über Maßnahmen zur Verbesserung des ländlichen Realkredits"[3] wurde vom Direktor der Landesbank als Grundlage einer solchen Verbindung die Festsetzung einer „Demarkationslinie" für die Tätigkeit der Landesbank und der kommunalen Sparkassen im ländlichen Beleihungsgeschäft

---

[1] Verh. des 29. Pr. Landtags 1883. Anhang 37. Anlage B.
[2] S. den Bericht über die Verhandlungen der Agrarkonferenz vom 28./5, bis 2./6. 1894. Berlin 1894.
[3] S. den gedruckten Bericht über diese Verhandlung.

vorgeschlagen. Nach einer weiteren Beratung in Köln im Februar 1896 wurde vom Provinzialausschuß auf Grund dieses Vorschlages am 4. März 1896 ein Vertragsentwurf festgesetzt und den in Betracht kommenden Sparkassen mitgeteilt. Die wichtigsten Punkte dieses Entwurfes sind[1]:

1. Die Landesbank verpflichtet sich, auf ländliche fruchttragende Grundstücke nur unkündbare Darlehen mit Tilgungszwang in einem Mindestbetrage von 1500 Mk. auszuleihen.

2. Die Sparkassen übernehmen

a. die Vermittlung dieser Darlehen gegen $^1/_4\,^0/_0$ Provision,

b. die Auszahlung dieser Darlehen, sowie das Inkasso der an die Bank zu leistenden Zins- und Tilgungsbeiträge,

c. den Verkauf von Rheinprovinzobligationen, sowie die Einlösung von Zinsscheinen gegen besondere Vergütung.

Dieser Vertragsentwurf fand indessen bei den Kommunalsparkassen nur wenig Anklang. Denn sie sahen in den nach ihrer Meinung zu niedrig festgesetzten Provisionen keinen Gegenwert für die bei Ausführung des Vertrags stärker werdende Konkurrenz der Landesbank auf dem Gebiete des ländlichen Hypothekarkredits. Auch vermißten sie eine Minderung der Konkurrenz der Landesbank im städtischen Beleihungsgeschäft. Die Stellung der Landesbank, die doch sogar einen Teil ihrer Betriebsmittel im Kontokorrentverkehr von den Sparkassen erhalte, werde durch einen solchen Vertrag für den Konkurrenzkampf mit den Sparkassen nur noch günstiger. Es fand sich daher nur langsam ein Teil der kommunalen Sparkassen zum Abschluß des von der Landesbank vorgeschlagenen Abkommens bereit, und dies erst, nachdem die Bank den Vertragsentwurf dahin ergänzt hatte, daß „kein Zwang für die Sparkassen zur Abgabe von Anträgen auf Amortisationsdarlehen an die Landesbank"[2] bestehen solle. Hierdurch war aber die Vermittlungstätigkeit so sehr in das Belieben der Sparkassen gestellt, daß irgend ein nennenswerter Erfolg, vor allem gerade im Süden der Rheinprovinz, wo die Sparkassen verhältnismäßig am meisten an ländlichem Hypothekarkredit interessiert sind, nicht zu erwarten war. Im Februar 1896 standen 106 kommunale Sparkassen der Rheinprovinz mit der Landesbank im Kontokorrentverkehr. Bis zum 20. März 1898, also zwei Jahre nach der Veröffentlichung des Vertragsentwurfes, hatten erst 24 Sparkassen den Vertrag mit der Landesbank abgeschlossen und erst sechs von ihnen wirklich Darlehen für die Landesbank vermittelt.

---
[1] S. hierzu auch Meitzen Bd. 6. VI. B. II. A.
[2] Schreiben der Landesbank vom 11./8. 1896.

Die Landesbank suchte daher neben den Kommunalsparkassen auch die genossenschaftlichen Spar- und Darlehenskassenvereine für die Kreditgewährung an Landwirte nutzbar zu machen, auch hier wieder auf Veranlassung der Staatsregierung[1]. Schon auf der Agrarkonferenz von 1894 hatte F. Hecht besonders darauf hingewiesen[2], daß eine solche Vermittlung die spezielle Aufgabe der ländlichen Kreditgenossenschaften innerhalb der Organisation des Grundkredits für den mittleren und kleinen Grundbesitz sei. Eins der Hauptbedenken der ländlichen Bevölkerung gegenüber der Kreditaufnahme bei der Landesbank konnte durch diese Verbindung der Landesbank mit den Genossenschaften stark abgeschwächt werden: der Schuldner brauchte nicht mehr so sehr zu befürchten, bei einer im landwirtschaftlichen Betriebe nicht immer zu vermeidenden Unpünktlichkeit im Zinszahlen in Schwierigkeiten mit der Bank zu kommen; denn die Genossenschaft konnte ihm in solchen Fällen leicht durch Gewährung eines Vorschusses aushelfen. Anderseits konnte auch die Landesbank sich von einer solchen Verbindung wohl mehr Erfolg versprechen als von der Vermittlungstätigkeit der Kommunalsparkassen. Waren diese im Grunde „geborene Konkurrenten" der Bank, so war bei den Genossenschaften ein solches Konkurrenzverhältnis, wenn auch öfters vorhanden, doch immer ein viel weniger scharfes und weniger natürliches. Soweit sie Hypotheken auf ländliche Grundstücke wirklich ausliehen, handelte es sich meist entweder um ganz kleine Beträge, die für die Landesbank doch in keinem Fall in Betracht kamen, oder um solche hypothekarisch sichergestellte Darlehen, die innerhalb weniger Jahre in einigen Raten zurückzuzahlen waren. Langfristigen Hypothekarkredit hingegen, wie ihn die Landesbank gewährt, gaben die Genossenschaften doch nur in seltenen Fällen.

So fand die Landesbank mit ihren Plänen bei den Kreditgenossenschaften und ihren Verbänden bereitwilligst Entgegenkommen, zumal da diese auch vom Landwirtschaftsministerium in gleicher Richtung beeinflußt wurden[3]. Nach schriftlichen Verhandlungen mit den drei damals in der Rheinprovinz bestehenden Verbänden ländlicher Kreditgenossenschaften — dem Rheinischen Bauernkreditverein e. G. m. b. H. in Kempen, der Hauptgenossenschaftskasse für Rheinpreußen e. G. m. b. H. in Bonn und der Landwirtschaftlichen Zentraldarlehenskasse für Deutschland in Neuwied — erklärte die Landesbank sich bereit, in der Art des mit den Sparkassen getroffenen Abkommens auch mit den Genossenschaften Verträge einzugehen.

---

[1] Erlaß des Landwirtschaftsministers vom 9./2. 1897.
[2] Bericht über die Agrarkonferenz 1894 S. 332 u. ff.
[3] Erlasse des Landwirtschaftsministeriums vom 3./6. und 16./9. 1897.

Infolge „formeller Bedenken" von seiten des Oberpräsidenten und zugleich in der Absicht, den kommunalen Sparkassen Gelegenheit zu geben, sich der Vermittlung von Landesbankhypotheken in stärkerem Maße zu widmen, wurde aber im März 1898 der Abschluß des Vertrages noch verschoben, obwohl zahlreiche Kreditgenossenschaften zu einer Tätigung desselben bereit waren[1]. Doch wurde es ihnen freigestellt, schon jetzt die in Aussicht genommenen Geschäfte gegen die im Vertrag vorgesehenen Provisionen für die Landesbank zu besorgen. So vermittelten zunächst einige der zum Vertragsabschluß bereiten Genossenschaften auch ohne Vertrag Darlehen für die Landesbank. Dabei gingen aber manche dem Sinne des Abkommens entgegen nur auf Provisionsverdienst aus, indem sie mehrere recht große Darlehen für Landwirte aus der weiteren Umgebung Düsseldorfs vermittelten. Die Landesbank änderte daher — zugleich auch mit Rücksicht auf die infolge der zunehmenden Geldknappheit höheren Kosten der ländlichen Darlehen — am 1. Juni 1898 die Provisionssätze für Darlehensvermittlung. Die bisherige Provision von $1/4\%$ des Darlehensbetrages sollte fortan nur noch bei Darlehen bis 10000 Mk., bei höheren Darlehen nur für die ersten 10000 Mk. gezahlt werden, für den darüber hinausgehenden Betrag wurde die Provision auf 1% festgesetzt. Diese Gebühr sollte für Vermittlung von ländlichen wie städtischen Hypotheken, nicht aber von Korporationsdarlehen gezahlt werden. Nur bei städtischen Hypotheken sollten eventuell die Darlehensnehmer belastet werden. Diese Änderung galt sowohl gegenüber den kommunalen Sparkassen, die mit der Landesbank einen Vertrag abgeschlossen hatten, wie gegenüber den Genossenschaften, die einstweilen noch ohne besonderen Vertrag die Vermittlung besorgten. Bei beiden, Genossenschaften wie Sparkassen, schwächte diese Provisionsherabsetzung die Bereitwilligkeit, für die Landesbank Darlehen zu vermitteln, sehr ab.

Die genossenschaftlichen Kreditvereine wurden außerdem noch dadurch der Landesbank gegenüber mißtrauisch gemacht, daß deren Kuratorium auf Anregung des Oberpräsidenten am 4. Juli 1898 beschloß, von Eingehung eines besonderen Vertrages mit ihnen ganz abzusehen. Man habe besondere Verträge mit den Sparkassen überhaupt nur deswegen abgeschlossen, „um durch deren Genehmigung seitens des Oberpräsidenten einen formell unanfechtbaren Rechtsboden für die Sparkassen, deren Statuten die Darlehensvermittlung nicht kennen, zu schaffen"[2]. Ein formelles Abkommen auch mit

---
[1] Siehe hierzu auch das Protokoll der Generalversammlung der Landw. Zentraldarlehenskasse f. Deutschland am 28./6. 1898 i. „Landw. Genossenschaftsblatt". Jahrgang 20, Nr. 7.
[2] Bericht des Landesbankdirektors vom 15./12. 1898.

den Genossenschaften sei ganz unnötig und könne nur mit den von den Sparkassen abgeschlossenen Verträgen in Widerspruch kommen. Doch sollten den Genossenschaften gegenüber auch ohne vertragliche Festlegung die mit den Sparkassen getroffenen Vereinbarungen über Darlehensvermittlung volle Wirksamkeit haben, „während die sonstigen Vermittlungsgeschäfte, wie das Inkasso der Zinsen und Auszahlung der Zinsscheine, den öffentlichen Gemeinde- und Kreissparkassen vorbehalten"[1] blieb. Die Genossenschaften, an sich schon in ihrer Tätigkeit vielfach Konkurrenten der kommunalen Sparkassen, glaubten diesen Beschluß des Kuratoriums auf den Einfluß der öffentlichen Sparkassen, vor allem der Kreissparkassen, im Provinziallandtag zurückführen zu müssen. Man könne „wohl mit ziemlicher Sicherheit schließen, daß nur die Rücksichten auf die kommunalen Sparkassen mitgewirkt haben, daß das so schön angebahnte Verhältnis zwischen Landesbank und unseren Spar- und Darlehenskassen ins Stocken geraten ist"[2]. So vermittelten schließlich auch nur ganz wenige Genossenschaften tatsächlich ländliche Darlehen für die Landesbank.

Die im November 1899 vom Kuratorium der Landesbank beschlossene gänzliche Aufhebung der Provision für Vermittlung ländlicher Hypotheken mußte auch noch dieser geringen Vermittlungstätigkeit der Genossenschaften und Sparkassen ein Ende machen. Die Aufhebung erfolgte deshalb, weil es dem Kuratorium nicht mehr angängig erschien, „bei der außerordentlich schlechten Lage des Geldmarkts das an und für sich für die Landesbank schon so kostspielige ländliche Darlehensgeschäft noch mit Provisionen zu belasten, zumal die lokalen Kassen gerade so wie die Landesbank die Aufgabe hätten, uneigennützig die Vermehrung der Tilgungsdarlehen unter der ländlichen Bevölkerung zu betreiben, ohne hierzu durch Provisionen noch einen besonderen Anreiz zu erhalten"[3]. Dementsprechend kündigte die Landesbank den mit 50 Kommunalsparkassen abgeschlossenen Vertrag, erklärte sich dabei aber mit einem Fortbestehen des Vertrages ohne die Festsetzung einer Provision für Darlehensvermittlung einverstanden. Auch den 13 Genossenschaften, die bis dahin Darlehen vermittelt hatten, wurde der Wegfall der Provision mitgeteilt. Doch gaben die Sparkassen sowohl wie die Genossenschaften seitdem die Vermittlung von Hypotheken für die Landesbank ganz auf. Im ganzen sind von ihnen nur 98 ländliche Hypotheken mit einer Gesamtsumme von 1 108 670,42 Mk. vermittelt worden.

---

[1] Beschluß des Landesbankkuratoriums vom 4./7. 1898.
[2] Landw. Genossenschaftsblatt Jahrgang 1898, Nr. 7.
[3] Rundschreiben der Landesbank an die Sparkassen u. Genossenschaften vom 14./11. 1899.

153.

Im Jahre 1905 suchte die Landesbank von neuem, wenigstens mit den Genossenschaften wieder eine Verbindung herzustellen. Sie vereinbarte mit den vier rheinischen Genossenschaftsverbänden „im Wege des Schriftwechsels" ein Abkommen, das ähnliche Bestimmungen über den Verkauf von Rheinprovinzobligationen, die Besorgung von Inkassogeschäften sowie über Darlehensvermittlung enthielt wie die früheren Verträge mit den Sparkassen. Aber da auch dieses Abkommen wiederum weder eine bindende Verpflichtung zur Abgabe von Darlehensanträgen noch die Festsetzung einer von der Landesbank zu zahlenden Vermittlungsprovision enthielt, blieb es bei den einzelnen Genossenschaften, auch soweit sie ihm offiziell beitraten, doch gänzlich unbeachtet.

Es war somit schon seit 1899 der Versuch, durch Verbindung mit den lokalen Kreditinstituten eine dezentralisierte Organisation für die ländliche Beleihungstätigkeit der Landesbank zu schaffen, als mißlungen anzusehen. Da sich aber Jahr für Jahr immer mehr zeigte, daß ohne lokale Vermittlungsstellen irgend welcher Art die notwendige Ausdehnung auf den Süden der Rheinprovinz nicht zu erhoffen sei, ging die Landesbank nunmehr — auch hierzu wieder von der Staatsregierung „in wiederholten und eindringlichen Vorhaltungen"[1] angetrieben — dazu über, besondere Landesbankagenturen zu errichten. Es wurde dabei nochmals ausdrücklich betont, daß der Plan, ein Provinzialsparinstitut zu schaffen und die Agenten für dieses zu verwenden, aus Rücksichtnahme auf die öffentlichen Sparkassen definitiv aufgegeben sei. Aber die Rücksicht auf die kommunalen Sparkassen ging noch weiter: auf Antrag der I. Fachkommission wurde im 42. Provinziallandtag ausdrücklich „bei der Zustimmung zu der Errichtung der Agenturen ... von der Erklärung des Landeshauptmanns Kenntnis genommen, daß die Errichtung von Agenturen nur nach Anhörung der Verwaltungen der Stadtkreise bzw. in den Landkreisen der Kreisausschüsse erfolgen ... werde"[2].

Dieser Beschluß zeigt deutlich den Einfluß der um ihre Sparkassen besorgten Kreise auf die Provinzialverwaltung. Eine Zustimmung der südlichen Landkreise, in denen man in erster Linie den Landesbankhypotheken Eingang schaffen wollte, war kaum zu erwarten wegen des großen, teilweise überwiegenden Interesses, das ihre Sparkassen an den ländlichen Beleihungen haben. Es bestanden damals 61 Landkreise in der Rheinprovinz, von denen sich bis zum 31. März 1901 34 gegen die Errichtung von Agenturen in

---

[1] So der Berichterstatter in der 4. Sitzg. des 42. Pr.-Landtags am 9./2. 1901. Stenogr. Bericht.
[2] Verh. des 42. Pr.-Landtags 1901. 4. Sitzg. 9./2. Protokolle.

ihren Kreisen aussprachen. Von den zustimmenden Landkreisen gehörten nur vier zum Regierungsbezirk Trier, drei zu Koblenz. Aus dem Aachener Bezirk waren sogar nur zwei Kreise einverstanden, von denen zudem der eine schon im Jahre 1903/04 wieder die Aufgabe der Agenturen veranlaßte.

Die Tätigkeit der Agenten besteht nur in der Belehrung der Landwirte und der ersten Vermittlung der Darlehensanträge. Kassengeschäfte liegen ihnen nicht ob, vor allem kann ihnen die Auszahlung der Darlehen nur in Einzelfällen übertragen werden[1]. In der Regel erfolgt diese entweder direkt durch die Landesbank oder durch Vermittlung des Notars, dessen Hinzuziehung sowieso vielfach zur Verschaffung der ersten Stelle für die Landesbankhypothek erforderlich ist. Die Agenten unterstehen den Weisungen des Landesbankdirektors, sind aber nicht Beamte der Landesbank, sondern nur durch jederzeit widerruflichen Vertrag angestellt. Sie erhalten keine festen Bezüge, sondern nur Vermittlungsgebühren für die von ihnen bewirkten Abschlüsse. Diese Provisionen, deren Höhe nach dem Darlehensbetrage von 10—50 Mk. abgestuft ist, trägt nicht der Darlehensnehmer, sondern die Landesbank. Der Erfolg der Agenturen hängt in erster Linie von der Auswahl geeigneter Persönlichkeiten ab, die bei der ländlichen Bevölkerung besonderes Vertrauen genießen und ihre wirtschaftlichen Verhältnisse gut kennen müssen. Zum Teil hat die Landesbank die Agenturen an öffentliche Beamte übertragen, wie an Gemeindeerheber, Gerichtsschreiber, Spar- und Kommunalkassenrendanten, auch an Lehrer, zum Teil auch an Landwirte, Kaufleute und Agenten.

Die Einrichtung der Landesbankagenturen an sich hat sich durchaus bewährt; sie ist neben der Ermäßigung des Zinsfußes mit ein Grund gewesen für die starke Zunahme der ländlichen Hypotheken im Jahre 1902, in welchem 22 Millionen Mark solcher Darlehen gegen 7,6 im Jahre zuvor bewilligt wurden. Im ganzen wurden durch die Agenturen seit ihrer Einrichtung im Dezember 1901 bis zum 31. März 1910 3328 ländliche Hypotheken in Höhe von 37 240 529,60 Mk. vermittelt. In einigen niederrheinischen Kreisen beläuft sich die Summe der in dieser Zeit durch Agenten vermittelten Darlehen auf mehr als vier, im Kreise Rees sogar auf beinahe sechs Millionen Mark, sodaß in einigen Bezirken „die unkündbare Rentenhypothek der Landesbank" jetzt die weitaus überwiegende Form des ländlichen Grundkredits bildet. Dem entspricht es, daß die Landesbank 1907 den im Etat für Agenturen eingesetzten Betrag von

---

[1] Beschluß des Provinzialausschusses vom 29./10. 1901.

15000 auf 10000 Mk., 1908 weiter auf 7000 Mk. herabsetzen konnte. Daß auch in Bezirken mit mehr kleinbäuerlicher Bevölkerung und mit Bedarf an kleinen Hypotheken die Landesbank sich bei geeigneter Organisation Eingang schaffen kann, zeigen die geringen Durchschnittsbeträge der durch Agenten in solchen Bezirken vermittelten Hypotheken; sie stellen sich vielfach nur auf 4—5000 Mk. und noch weniger, im Kreise Montjoie sogar nur auf 2900 Mk. Der Durchschnitt der gesamten durch Agenten vermittelten Darlehen dagegen belief sich Ende März 1910 auf 11190,06 Mk. der der gesamten ländlichen Hypotheken gleichzeitig auf 13181,99 Mk.

Es bleibt somit der Landesbank für die Zukunft die schwierige Aufgabe, auch überall im Süden der Rheinprovinz lokale Vermittlungsstellen für ihre ländlichen Tilgungshypotheken zu schaffen und damit die Organisation des ländlichen Grundkredits in der Rheinprovinz zu vollenden. Das wirksamere Mittel zur Erreichung dieses Zieles wäre jedenfalls die Errichtung besonderer Landesbankagenturen allgemein in allen Landkreisen auch der südlichen Regierungsbezirke. Recht fraglich erscheint dabei allerdings, ob es der Landesbank selbst beim besten Willen und, auch wenn von seiten der Staatsregierung auf die Landräte in diesem Sinne eingewirkt wird, in absehbarer Zeit gelingen wird, die nötige Zustimmung der im Provinziallandtag einflußreichen Landkreise zu erhalten. So wird ihr wahrscheinlich doch nichts anderes übrig bleiben, als durch Aussetzung von vielleicht sogar recht hohen Provisionen bei den ländlichen Kreditgenossenschaften von neuem Interesse an der Darlehensvermittlung zu erwecken und auf diese Weise den Konkurrenzkampf mit den Sparkassen und den anderen Hypothekengebern in der südlichen Rheinprovinz aufzunehmen.

Im Zusammenhang mit der Tätigkeit der Landesbank als landwirtschaftliches Immobiliarkreditinstitut stehen die in den letzten Jahren gemachten Versuche, die Bank im Dienste einer besonderen Entschuldungsaktion für den ländlichen Grundbesitz in der Rheinprovinz zu verwenden. Diese Aktion sollte die Beleihungstätigkeit der Landesbank ausdehnen auf solche Belastungen ländlicher Grundstücke, die über die gewöhnliche Beleihungsgrenze der Bank — zwei Drittel des Wertes — hinausgingen, aber noch nicht eine gänzliche Verschuldung des Grundstücks darstellten. Eine solche wurde bei Belastung über fünf Sechstel des Wertes angenommen. Ähnliche Pläne wurden in anderen preußischen Provinzen ebenfalls auf Anregung der Regierung erörtert, von der Ostpreußischen Landschaft auch zur praktischen Ausführung gebracht.

In der Rheinprovinz wurde zunächst im Anschluß an die Denkschrift des Landwirtschaftsministeriums „über die Durchführbarkeit von Maßnahmen zur Entlastung hochverschuldeter landwirtschaftlicher Besitzungen" vom 30. Mai 1902 und eines Erlasses des Landwirtschaftsministers vom 25. Juli 1904 über ein derartiges Vorgehen Verhandlungen mit der Landesbank eingeleitet, die aber zu keinem Ergebnis führten. Die Landesbank erklärte die Bildung besonderer Jahresgesellschaften der Grundbesitzer, wie sie von der Regierung vorgesehen waren, für nicht angängig, da zu wenig Interessengemeinschaft bestehe zwischen dem Hofbesitzer im Norden und dem kleinen Bauern im gebirgigen Süden der Provinz. Wichtiger war, daß über die Frage der Kapitalbeschaffung für die Beleihung des zu entlastenden fünften Sechstels keine Einigung zu erzielen war. Die Staatsregierung erklärte sich zu einer Hergabe öffentlicher Mittel zur Schuldentlastung nicht bereit, allenfalls wollte sie für die ersten Jahre als subsidiäre Garantie einen Fonds zur Verfügung stellen. Die Landesbank[1] hingegen — und auch die Landwirtschaftskammer trat ihr darin bei — betrachtete eine größere finanzielle Leistung des Staates als notwendige Vorbedingung für ein erfolgreiches Vorgehen und weigerte sich entschieden, ihre mündelsicheren Obligationen zur Beleihung des fünften Sechstels zu verwenden, um ihren Kurs nicht zu schädigen.

Erst als im Jahre 1907 die günstigere Lage der Landwirtschaft eine solche Entschuldungsaktion besonders aussichtsvoll erscheinen ließ, beschäftigte sich auf Veranlassung des Oberpräsidenten[2] die Landwirtschaftskammer erneut mit der Möglichkeit einer solchen Maßnahme. Auf Grund ihrer Vorschläge wurde in einer im Februar 1908 abgehaltenen Sitzung versuchsweise ein Vorgehen der Landesbank in Verbindung mit den Genossenschaften beschlossen. Dabei war man sich darüber einig, daß eine Anwendung des Gesetzes von 1906 über die Zulassung der Festsetzung einer Verschuldungsgrenze für die Rheinprovinz jedenfalls nicht in Betracht kommen könnte. Durch die Verbindung der Landesbank mit den Genossenschaften wollte man die schwierige Frage der Kapitalbeschaffung — ob durch Rheinprovinzobligationen oder durch Hergabe von Staatsfonds — umgehen. Dabei wurde betont, daß bei der „liberalen" Beleihungspolitik der Landesbank eine Beleihung des fünften Sechstels des Gutswertes eher Gewährung von Personal- als von Realkredit sei, daher zu den eigentlichen Aufgaben der Genossenschaften gehöre. Das Entschuldungsverfahren war folgendermaßen gedacht: Vorbedingung war die Abgabe einer Ausschließlichkeitserklärung durch den zu entschuldenden Landwirt, in der er sich verpflichtete, Schulden nur bei der Landesbank und einer bestimmten Genossenschaft aufzunehmen und

---

[1] Vergl. dazu die Thesen des Landesbankdirektors v. 24./9. 1902.
[2] Erlaß des Oberpräsidenten v. 8./6. 1907.

seine Geldgeschäfte nur mit dieser zu machen. Die Landesbank übernahm dann die hypothekarische Belastung des Hofes oder Grundstücks bis zu vier Sechsteln des Wertes; die Beleihung des fünften Sechstels sollte in ein Personaldarlehen der Genossenschaft verwandelt werden, für das eine Sicherungshypothek einzutragen war. Um dieses Entschuldungsdarlehen möglichst schnell zu tilgen, sollte die Amortisation der Landesbankhypothek bis zur gänzlichen Tilgung des Personaldarlehens aufgeschoben und die dadurch ersparten Tilgungsbeiträge zur Beschleunigung der Tilgung des genossenschaftlichen Darlehens verwandt werden. Auch nach seiner gänzlichen Tilgung sollte die dafür bestellte Sicherheitshypothek bestehen bleiben zur Sicherung einer eventuellen neuen Personalkreditgewährung durch die Genossenschaft. Mit Beginn der Tilgung der Landesbankhypothek sollte sie entsprechend vorrücken.

Auf Grund dieses Planes sind einige — offenbar nur sehr wenige — Entschuldungsversuche von der Landesbank und den Genossenschaften gemacht, schon bald aber wieder aufgegeben worden. Genaueres über sie ist nicht bekannt[1].

Ein abschließendes Urteil über diese Entschuldungsversuche ist daher nicht möglich. Die schwierige Frage der Kapitalbeschaffung scheint jedenfalls an sich durch die Verbindung der Landesbank mit den Genossenschaften in glücklicher Weise gelöst. Nur die Genossenschaften stehen in genügend enger Verbindung mit den Landwirten, um bei der Beleihung des fünften Sechstels ein allzu großes Risiko auszuschließen. Aber selbstverständliche Voraussetzung für ein derartiges gemeinsames Vorgehen ist ein intimeres Verhältnis zwischen Landesbank und Genossenschaften. Ein solches ist zwar bisher noch nicht zu erzielen gewesen, aber auch für die Ausdehnung der ländlichen Beleihungen durch die Landesbank auf den Süden der Provinz Vorbedingung. Bedenklich ist freilich, daß für die Genossenschaft die Beteiligung an einem solchen Entschuldungsverfahren eine Festlegung ihrer nur für kurzfristigen Personalkredit bestimmten und geeigneten Mitteln in langfristigen Kreditgeschäften und damit eine Verschlechterung ihrer Liquidität bedeutet. Wirtschaftlich kommen jedenfalls solche Personaldarlehen, für die eine Sicherheitshypothek bestellt wird, der Gewährung von Immobiliarkredit völlig gleich.

Ein weiteres Bedenken betrifft den durch die Entschuldungsaktion herbeigeführten Tilgungszwang. Das für das fünfte Sechstel zu bestellende Genossenschaftsdarlehen muß

---

[1] Leider verweigert die Landesbankverwaltung gerade hierüber jede Angabe. Siehe auch die kurze Erwähnung bei v. Sachs: „Zusammenkünfte der Leiter der westlichen Provinzialkreditinstitute Preußens" im Jahrbuch des Europäischen Bodenkredits, 1. Bd. 1. Hälfte. 1909. S. 97.

im Interesse der Durchführung des Verfahrens wie im Interesse der Genossenschaft in kurzer Zeit getilgt werden. In besonders günstigen Jahren mag es einem so hoch verschuldeten Landwirt wohl gelingen, außer den Zinsen für seine Schulden auch noch diese Tilgungsbeiträge zu erübrigen. In solchen Jahren wird der Zwang, diesen Betrag zu ersparen, sicher sein Gutes haben. Anders in schlechten Jahren: in ihnen wird der hoch verschuldete Landwirt diese verhältnismäßig großen Summen meistens nicht aufbringen können, der starke Tilgungszwang wird dann eine Aufgabe des Entschuldungsverfahrens oder den Bankrott des Landwirts hervorrufen. Eine richtige Anpassung der Schuldentilgung an die Jahreserträgnisse, etwa entsprechend der Handhabung der Abschreibungen in industriellen Betrieben, ist unmöglich bei dem Tilgungszwang, ohne den ein solches Entschuldungsverfahren nicht durchzuführen ist. Die Aufgabe, eine Entschuldung der hochverschuldeten Landwirte herbeizuführen, mit andern Worten ihre Schulden auf ein solches Maß herabzumindern, das die immer wieder notwendig werdenden neuen Schuldaufnahmen ermöglicht, ist daher wohl nicht durch eine solche Entschuldungsaktion zu lösen. Der einzig gangbare Weg zu diesem Ziel wird der sein, den Landwirt immer wieder auf die Notwendigkeit einer regelmäßigen Schuldentilgung und ihrer möglichsten Verstärkung in günstigen Jahren hinzuweisen. Auch hier zeigt es sich wieder, daß Fragen der **Wirtschaftspolitik im Grunde vielfach Erziehungsfragen sind.**

Printed by Libri Plureos GmbH
in Hamburg, Germany